북극해
아시아
태평양
아프리카
인도양
북
오세아니아
서
동
남
남극해
남극

내가 가장 좋아하는 네 사람,
리사, 오시안, 시몬 그리고 설인 예티에게

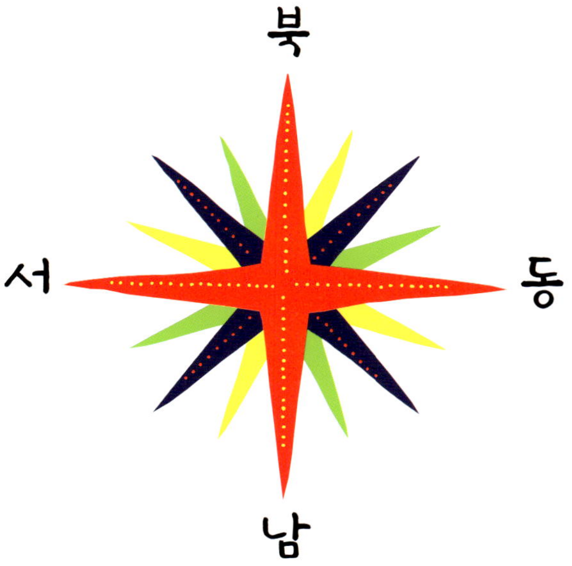

지구 한 바퀴 지도책 시리즈:
《모험가를 위한 세계 탐험 지도책》
《탐험가와 함께 떠나는 세계 일주》

MYSTISKA PLATSER OCH OLÖSTA MYSTERIER
by Sarah Sheppard

지은이 사라 셰퍼드 | 그래픽 디자이너이자 일러스트레이터, 그리고 작가예요. 대학에서 고생물학을 배운 뒤, 공룡에 푹 빠졌어요. 선사시대 동물들에 대한 전문적인 지식과 열정을 모아서 지식 정보책 《수많은 공룡들(Lots of dinosaurs)》을 썼으며, 이 책은 2008년 스웨덴 어거스트상 후보에 올랐어요. 그밖에 《모험가를 위한 세계 탐험 지도책》 《탐험가와 함께 떠나는 세계 일주》 《육식동물에 대한 경고》 《안녕, 다이노》 등 다수의 책을 썼어요.

옮긴이 허서윤 | 서울에서 나고 자랐으며, 미지의 세계에 대해 동경으로 한국외국어대학교 스칸디나비아어과에서 스웨덴어를 공부했어요. 현재 스웨덴에서 살며 그들의 따뜻하고도 재치 넘치는 감성을 우리나라에 널리 알리고자 힘쓰고 있어요. 그동안 《개미들의 슈퍼파워》 《나는 가끔 화가 나요》 《나는 가끔 겁이 나요》 《모험가를 위한 세계 탐험 지도책》 《나의 개 부딜》 등 다수의 그림책과 《무민파파와 바다》 입양인 부모의 수기 모음집 《아름다운 인연–스웨덴이 기른 우리 아이들》 등 어른과 아이들을 위한 책들을 번역했어요.

신비한 장소와 풀리지 않은 미스터리

초판 1쇄 발행 2025년 9월 5일

글 · 그림 사라 셰퍼드 | **옮김** 허서윤 | **펴냄** 박진영 | **디자인** 새와나무 | **펴낸곳** 머스트비
등록 2012년 9월 6일 제406–2012–000154호 | **주소** 경기도 파주시 심학산로 12 303호
전화 031–902–0091 | **팩스** 031–902–0920 | **이메일** mustb0091@naver.com

ISBN 979-11-6034-247-5 73980

품명: 신비한 장소와 풀리지 않은 미스터리 | **제조자명:** 머스트비 | **주소:** 경기도 파주시 심학산로 12 303호
연락처: 031–902–0091 | **제조년월:** 2025년 9월 | **제조국:** 대한민국 | **사용연령:** 8세 이상
취급상 주의사항 | 종이에 베이지 않도록 주의하세요. 책의 모서리가 날카로우니 던지거나 떨어뜨려 다치지 않도록 주의하세요. KC마크는 이 제품이 공통안전기준에 적합하였음을 의미합니다.

지구 한 바퀴

사라 셰퍼드 지음

신비한 장소와 풀리지 않은 미스터리

허서윤 옮김

27쪽에 나오는
나의 저주를
조심해!
악몽 같은
휴가를
예약하세요!
최악의 여행사
섬뜩한 인형은
25쪽에 있어!
16쪽에서
저지 데블을
만나 봐!
죽음의 지렁이는
17쪽에 나와!
정지
뜨거운
열기 주의

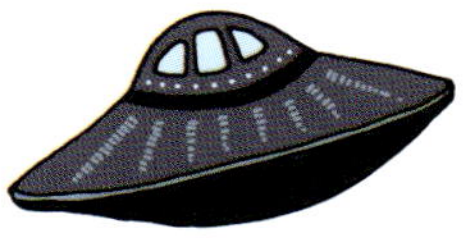

신비한 장소

세상은 놀라울 만큼 신비한 장소와 풀리지 않은 미스터리로 가득해요.
피를 흘리는 폭포와 끝없이 불타오르는 싱크홀, 흔적도 없이 사라진 대륙도 있어요.
지구 곳곳에 숨겨진 이상하고 신비하며 환상적인 곳들을
책 속에 담긴 다양한 지도에서 확인해 보세요!

버뮤다 삼각 지대

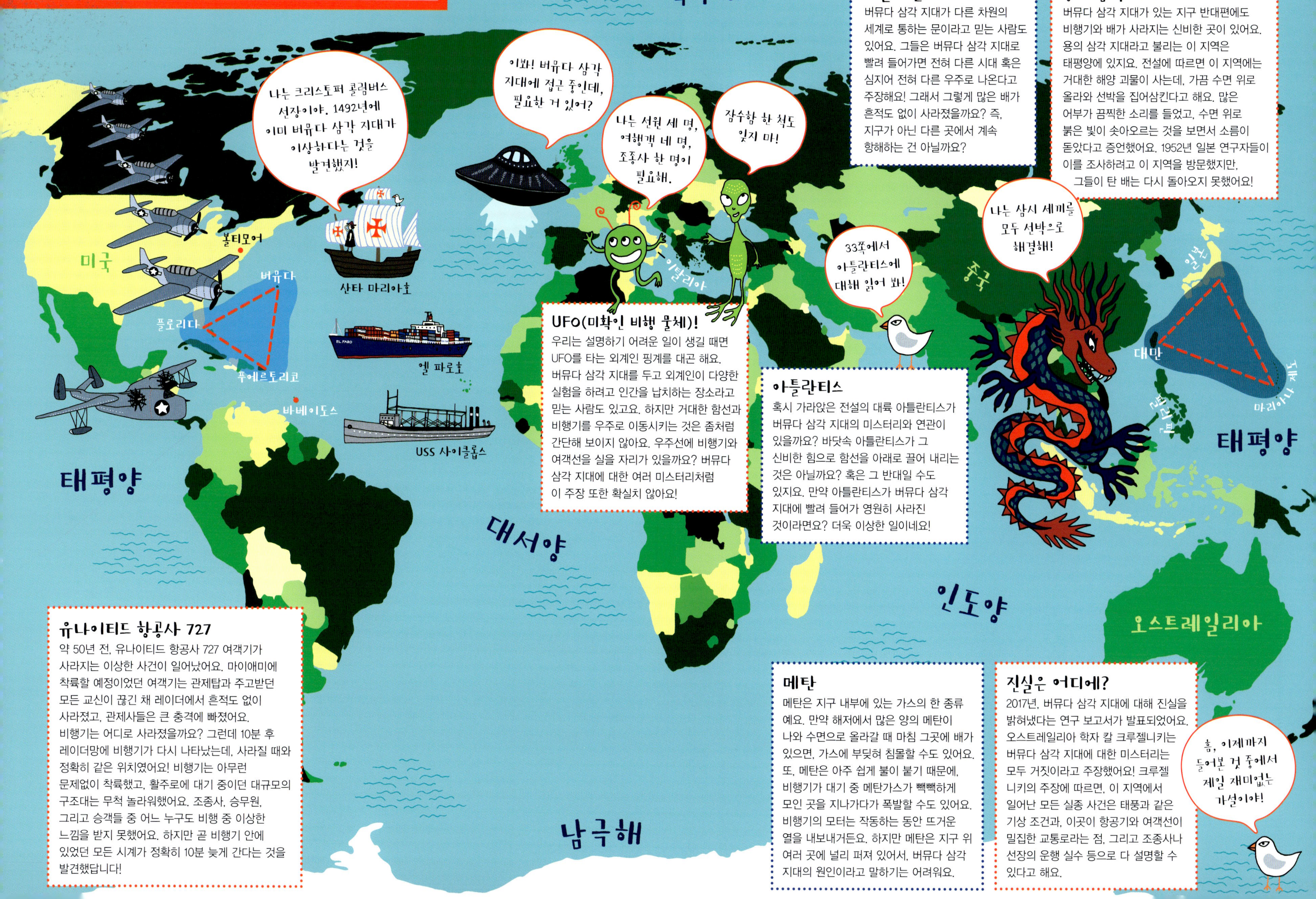

비밀의 문?

버뮤다 삼각 지대가 다른 차원의 세계로 통하는 문이라고 믿는 사람도 있어요. 그들은 버뮤다 삼각 지대로 빨려 들어가면 전혀 다른 시대 혹은 심지어 전혀 다른 우주로 나온다고 주장해요! 그래서 그렇게 많은 배가 흔적도 없이 사라졌을까요? 즉, 지구가 아닌 다른 곳에서 계속 항해하는 건 아닐까요?

용의 삼각 지대

버뮤다 삼각 지대가 있는 지구 반대편에도 비행기와 배가 사라지는 신비한 곳이 있어요. 용의 삼각 지대라고 불리는 이 지역은 태평양에 있지요. 전설에 따르면 이 지역에는 거대한 해양 괴물이 사는데, 가끔 수면 위로 올라와 선박을 집어삼킨다고 해요. 많은 어부가 끔찍한 소리를 들었고, 수면 위로 붉은 빛이 솟아오르는 것을 보면서 소름이 돋았다고 증언했어요. 1952년 일본 연구자들이 이를 조사하려고 이 지역을 방문했지만, 그들이 탄 배는 다시 돌아오지 못했어요!

UFO(미확인 비행 물체)!

우리는 설명하기 어려운 일이 생길 때면 UFO를 타는 외계인 핑계를 대곤 해요. 버뮤다 삼각 지대를 두고 외계인이 다양한 실험을 하려고 인간을 납치하는 장소라고 믿는 사람도 있고요. 하지만 거대한 함선과 비행기를 우주로 이동시키는 것은 좀처럼 간단해 보이지 않아요. 우주선에 비행기와 여객선을 실을 자리가 있을까요? 버뮤다 삼각 지대에 대한 여러 미스터리처럼 이 주장 또한 확실치 않아요!

아틀란티스

혹시 가라앉은 전설의 대륙 아틀란티스가 버뮤다 삼각 지대의 미스터리와 연관이 있을까요? 바닷속 아틀란티스가 그 신비한 힘으로 함선을 아래로 끌어 내리는 것은 아닐까요? 혹은 그 반대일 수도 있지요. 만약 아틀란티스가 버뮤다 삼각 지대에 빨려 들어가 영원히 사라진 것이라면요? 더욱 이상한 일이네요!

유나이티드 항공사 727

약 50년 전, 유나이티드 항공사 727 여객기가 사라지는 이상한 사건이 일어났어요. 마이애미에 착륙할 예정이었던 여객기는 관제탑과 주고받던 모든 교신이 끊긴 채 레이더에서 흔적도 없이 사라졌고, 관제사들은 큰 충격에 빠졌어요. 비행기는 어디로 사라졌을까요? 그런데 10분 후 레이더망에 비행기가 다시 나타났는데, 사라질 때와 정확히 같은 위치였어요! 비행기는 아무런 문제없이 착륙했고, 활주로에 대기 중이던 대규모의 구조대는 무척 놀라워했어요. 조종사, 승무원, 그리고 승객들 중 어느 누구도 비행 중 이상한 느낌을 받지 못했어요. 하지만 곧 비행기 안에 있었던 모든 시계가 정확히 10분 늦게 간다는 것을 발견했답니다!

메탄

메탄은 지구 내부에 있는 가스의 한 종류예요. 만약 해저에서 많은 양의 메탄이 나와 수면으로 올라갈 때 마침 그곳에 배가 있으면, 가스에 부딪혀 침몰할 수도 있어요. 또, 메탄은 아주 쉽게 불이 붙기 때문에, 비행기가 대기 중 메탄가스가 빽빽하게 모인 곳을 지나가다가 폭발할 수도 있어요. 비행기의 모터는 작동하는 동안 뜨거운 열을 내보내거든요. 하지만 메탄은 지구 위 여러 곳에 널리 퍼져 있어서, 버뮤다 삼각 지대의 원인이라고 말하기는 어려워요.

진실은 어디에?

2017년, 버뮤다 삼각 지대에 대해 진실을 밝혀냈다는 연구 보고서가 발표되었어요. 오스트레일리아 학자 칼 크루젤니키는 버뮤다 삼각 지대에 대한 미스터리는 모두 거짓이라고 주장했어요! 크루젤니키의 주장에 따르면, 이 지역에서 일어난 모든 실종 사건은 태풍과 같은 기상 조건과, 이곳이 항공기와 여객선이 밀집한 교통로라는 점, 그리고 조종사나 선장의 운행 실수 등으로 다 설명할 수 있다고 해요.

버뮤다 삼각 지대의 비밀

대서양에는 신비한 사건이 드므리지게 많이 일어나는 곳이 있어요.
배와 비행기 들이 흔적도 없이 사라지는데, 그 이유를 밝혀낼 수 없었지요.
조종사들은 나침반이 작동을 멈췄고, 초록색 안개에 갇혔으며, 비행기 아래의
바다가 부글부글 끓었다고 증언했어요. 이 지역은 플로리다 남쪽 끝
플로리다 해협과 푸에르토리코, 버뮤다 섬을 잇는 해역으로,
버뮤다 삼각 지대라고 불려요.

콜럼버스

버뮤다 삼각 지대가 이상하다고 가장 먼저 말한 사람은 이탈리아의 크리스토퍼 콜럼버스 선장이에요. 그는 1492년에 배 세 척을 이끌고 아시아 대륙을 찾아 대서양을 항해하고 있었어요. (이 항해에서 콜럼버스는 미국을 발견해요!) 오늘날 바하마로 불리는 곳에 도착할 즈음, 콜럼버스는 자신의 일기에 '이상한 불빛이 바다 위에 퍼졌고 나침반이 작동하지 않았다'라고 적었어요. 콜럼버스가 어디에 있었느냐고요? 바로 버뮤다 삼각 지대예요!

제19편대

1945년 12월 5일 오후 2시, 어뢰 폭격기 어벤저 다섯 대가 플로리다에 있는 포트 로더데일 공군 기지에서 이륙했어요. 제19편대라 불리는 이 비행기 부대는 찰스 캐럴 타일러가 지휘했어요. 그는 오랜 비행 훈련으로 풍부한 경험을 쌓은 조종사였죠. 그날은 구름 한 점 없고 바람도 잔잔해서 비행하기에 완벽했어요.
훈련은 계획대로 잘 진행되었지만, 돌아오는 길에 예상치 못한 문제가 생겼어요. 타일러는 갑자기 나침반이 작동하지 않아서, 자신들의 위치를 파악할 수 없다고 교신했어요.
3시간 동안 노력했지만 결국 타일러는 기지로 돌아오지 못했고, 제19편대는 오후 7시에 나눈 교신을 마지막으로 모든 신호가 사라졌어요.

구조 작업

곧바로 구조대원 13명이 탑승한 'PBM 마리너' 비행정 한 대가 출발했지만, 채 30분도 지나지 않아 이 비행기도 연락이 끊겼어요!
그러자 대규모 구조 작업이 벌어졌고, 선박 수백 척과 비행기가 이들을 찾아다녔으나 소용없었어요. 단 한 개의 흔적도 찾을 수 없었지요! 마치 바다가 비행기를 몽땅 집어삼킨 듯 보였어요.
1945년 12월 5일, 비행기 여섯 대와 사람 27명이 사라졌어요. 이 사건을 계기로 버뮤다 삼각 지대의 미스터리가 주목을 받기 시작했어요.

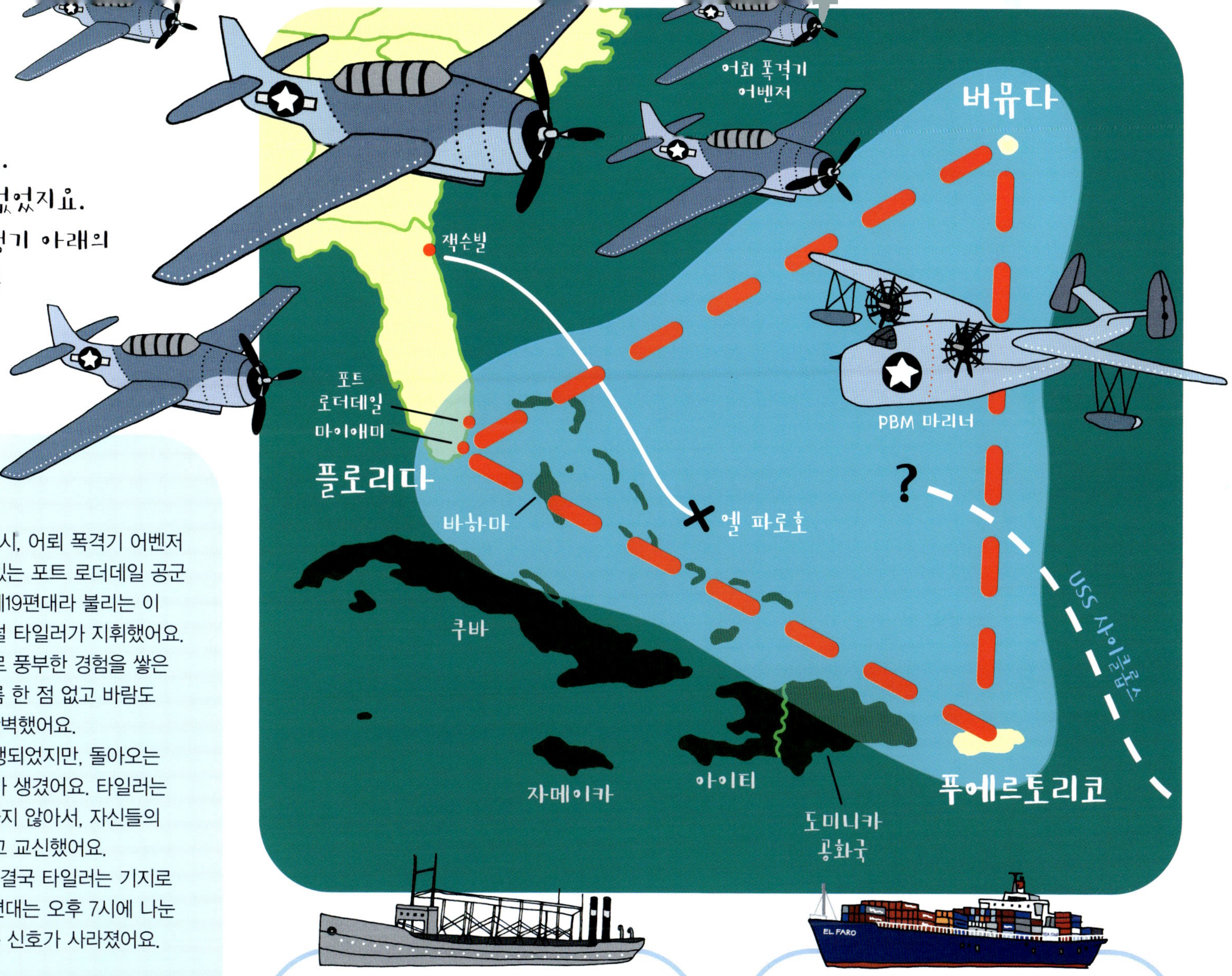

USS 사이클롭스

USS 사이클롭스는 해군 300여 명을 태운 거대한 미국 전함이에요. 이 전함은 1918년 영국 서인도 제도 바베이도스에서 출발하여 미국의 볼티모어로 가던 중, 버뮤다 삼각 지대 부근에서 사라졌어요. USS 사이클롭스에서 보낸 마지막 연락은 '날씨 좋음. 모든 게 순조로움'이었어요. 그 후 전함은 흔적도 없이 사라졌지요.
약 100년이 지난 지금도 우리는 여전히 무슨 일이 일어났는지 몰라요. 큰 규모로 수색을 벌였으나, 배에서 나온 잔해 한 조각도 찾지 못했어요.

날씨 좋음. 모든 게 순조로움.

엘 파로호

2015년 9월 29일, 거대한 화물선 엘 파로호가 600여대의 자동차와 컨테이너 들을 싣고 미국 플로리다 주 잭슨빌에서 출항하여 푸에르토리코로 향하고 있었어요. 이틀 뒤, 선박은 허리케인 후안킨을 만나 14m나 되는 높은 파도에 부딪히죠. 선장은 장비가 고장 나서 최신 기상 정보를 받지 못했고, 허리케인을 피하기는커녕 허리케인을 향해서 배를 몰았던 거예요.
엘 파로호는 약 4천 500m 깊이의 버뮤다 삼각 지대 한가운데에서 발견되었으며, 배에 탔던 33명 중 아무도 살아 돌아오지 못했어요.

세상에서 가장 먼 장소

국제 우주 정거장
인간이 있는 장소 중 가장 먼 곳은 지구가 아닌 우주에 있어요! 국제 우주 정거장(ISS)은 지구 주위 궤도를 돌고 있지요. 보통 6명이 이곳에서 일하는데, 우주에 머물면서 다양한 연구를 해요.

현재 누가 우주에 있는지 궁금하면, 여기에서 확인해!

www.howmanypeopleareinspacerightnow.com

핏케언 제도
1789년, 영국 군함 '바운티호'가 빵나무 열매를 싣고 타히티에서 출발한 지 얼마 되지 않을 때였어요. 바다 위 생활에 지친 선원들은 반란을 일으키더니 배를 장악했어요! 이 사건은 훗날 '바운티호의 미스터리'로 불렸지요. 반란자들은 선장과 반란에 참여하지 않는 자들을 구명보트에 태워 보내고, 자신들은 타이티섬 원주민 20명과 함께 영국군의 수사를 피해 멀리 떨어진 핏케언 제도에 도착해요. 그들은 잘못이 드러날까 봐 두려워 함선을 불태웠고, 결국 잡히지 않았지요! 25년이 지나고서야 영국군이 그들의 위치를 파악했는데, 그때는 반란자들 중 단 한 명만이 살아 있었어요. 오늘날 핏케언 제도에는 약 50명이 사는데, 대부분 약 200년 전에 바운티호를 타고 온 선원들의 자손이라고 해요.

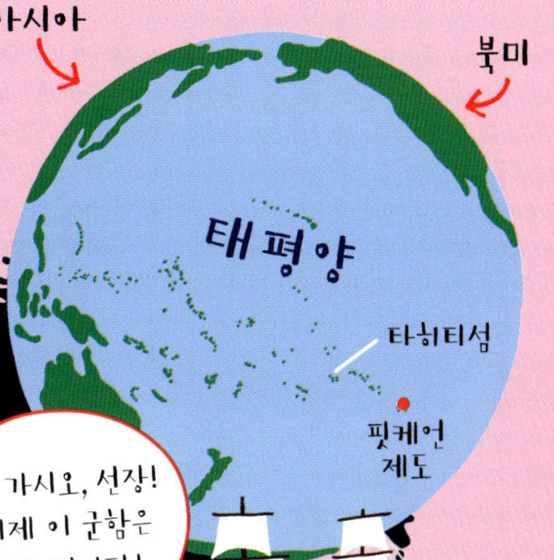

북센티널섬
북센티널은 인도양에 있는 섬으로, 그곳 원주민은 외부와의 접촉을 강하게 거부하고 수천 년 간 고립된 생활을 하고 있어요. 배나 헬리콥터로 섬에 다가가려는 사람들은 어김없이 화살 공격을 받아요! 이 섬에 정확히 몇 명이 사는지 모르지만, 대략 50~400명 정도라고 짐작해요. 북센티널섬을 방문하는 것은 인도 법으로 금지하는데, 만약 이를 시도하다가는 안타까운 결말을 맞이하지요. 2006년 두 어부가 배에서 잠드는 바람에 이 섬에 도착했고, 2018년에는 한 젊은 미국인 선교사가 이 섬에 왔지만, 아무도 살아서 나오지 못했어요.

북극해
스발바르 제도
노르웨이
영국
잉글랜드
러시아
미국
대서양
인도
북센티널섬
태평양
인도양
남아프리카
케이프타운
세인트헬레나
2,100km
트리스탄다쿠냐
2,250km
부베섬
1,700km
남극 해
19.22°S 159.93°E
샌디섬
오스트레일리아

일부 위성 사진에서는 신기하게도 샌디섬의 흔적을 볼 수 있어. 바다 위에 어두운 그림자 형태로. 절대 존재하지 않았던 섬의 흔적이라고나 할까!

나는 남부바위뛰기펭귄. 트리스탄다쿠냐에 살지.

나는 턱끈펭귄. 남극과 부베섬에 살아.

부베섬
기온이 낮고 태풍이 몰아치는 남대서양에는 세상에서 가장 동떨어져 있고 방문하기 어려운 화산섬 부베가 있어요. 부베섬의 해안은 바다를 향해 직각으로 떨어지는 가파른 절벽으로, 파도가 높고 늘 짙은 안개로 둘러싸여 있어요. 사람은 살지 않는데, 섬에 접근하는 것조차 쉽지 않기 때문이에요. 부베섬은 세상에서 가장 외로운 곳이라고 불리지만, 사실 이곳에는 수많은 바닷새와 바다표범, 펭귄이 살아요. 1928년부터 이 섬은 노르웨이의 영토예요.

샌디섬
요즘은 지구 전체가 정교하게 지도로 만들어져 있어서, 아무도 모르는 섬을 찾는다는 게 어려워요. 그런데도 2012년 태평양에서 이런 일이 일어났어요. 오스트레일리아 연구자 몇 명이 지도상 샌디섬이 위치한 곳을 항해했는데, 그곳에 섬은 없고 오로지 바다만 끝없이 펼쳐졌지요. 왜 샌디섬이 세계 지도에 잘못 표기되었는지는 밝혀지지 않았어요. 하지만 이미 1700년대에 선장 제임스 쿡은 그 유명한 세계 일주를 하던 중 샌디섬에 대해 말했어요. 샌디섬이 최소한 수백 년간 지도에 있었던 것은 확실해요. 누구도 그곳에 섬 따위는 전혀 존재하지 않는다는 걸 모르는 채 말이지요! 여전히 세상 어딘가에는 아직 발견되지 않은 미지의 섬들이 있을지도 몰라요.

지구 위 세상에서 가장 멀리 떨어진 곳

사람이 사는 세상에서 가장 먼 곳에는 신비하고 이상한 장소들이 있어요. 세상과 너무 멀리 떨어져서 길이 닿지 않는 곳, 대서양 한가운데에 하나의 점처럼 위치한 화산섬들, 꽁꽁 얼어붙은 남극의 연구 기지와 태평양에 있는 샌디섬이 그러하죠. 어떤 곳은 너무나 고립되어서 사실 없는지도 몰랐을 정도예요! 세상으로부터 가장 멀리 떨어지고 가장 단절된 곳이 어디인지 지도에서 확인하세요.

남극

지구의 가장 아래쪽 끝에는 얼음으로 뒤덮인 대륙인 남극이 있어요. 지구에서 가장 춥고 바람이 가장 많이 부는 곳이지요. 이 꽁꽁 얼어붙은 환경에서는 펭귄과 바다코끼리, 바닷새들만 신나요. 남극에 사는 사람의 수는 동물보다 훨씬 적지만, 그래도 생각보다 많은 사람이 살고 있어요! 남극의 여름인 11~3월 사이에는 약 4천 명이 섬에 있는 여러 연구 기지에 머물며 연구 활동을 벌여요. 겨울에는 훨씬 적은 수인 약 1천 명만 남아 있지요. 하지만 남극에 늘 머물러 사는 사람은 없고, 원주민도 없어요.

남극에 있는 연구 기지 60개 중 일부예요.

스발바르 제도

스발바르는 지구의 가장 위쪽, 노르웨이와 북극 사이에 있는 노르웨이의 섬이에요.
이곳에는 채 3천 명이 안 되는 사람들이 사는데, 이곳에 사는 북극곰의 수와 맞먹어요!
겨울에는 극야가 찾아오는데, 해가 땅 위로 올라오지 않아서 무려 4개월 동안 종일 칠흑같이 어두워요. 달과 별만이 겨울 하늘을 비추는 유일한 빛이지요.
여름이면 정반대의 일이 일어나서, 24시간 내내 해가 지지 않고 밤에도 낮처럼 환해요! 이를 백야라고 해요.

스발바르 법

스발바르에는 특별한 규칙이 있어요. 여기서는 사람이 태어날 수도, 죽을 수도 없어요! 임신했거나 죽을 때가 가까워진 사람들은 육지로 이동해요.
또, 무기 없이 외출하는 것도 금지예요. 위험한 북극곰으로부터 자기 자신을 보호해야 하거든요. 하지만 북극곰은 보호 동물로 지정되어서, 정말 위급한 상황에서만 공격이 가능해요!
스발바르만의 또 다른 특이한 금지 조항은 바로 고양이를 키울 수 없다는 거예요. 새들을 보호하기 위해서죠. 반면 많은 개가 이곳에 살면서 사람들의 썰매를 끌어 주지요.

트리스탄다쿠냐

대서양 한가운데로 가 보면 트리스탄다쿠냐섬이 있어요. 가장 가까운 섬에서부터 수천 킬로미터가 떨어진, 세상에서 가장 외딴 주거 지역이에요.
이곳에는 약 250명의 사람이 살고, 여덟 개의 성씨가 존재해요! 공항은 없고, 세상과 연결되는 유일한 교통수단은 배예요. 1년에 10회, 남아프리카로부터 12명이 탈 수 있는 어선 한 척이 방문하는데, 남아프리카까지 배로 약 7일이 걸려요. 현재 거주민 대부분이 1800년대에 이곳으로 이주한 사람들의 후손이라고 해요!
가장 가까운 마을은 세인트헬레나섬이에요.

싱크홀

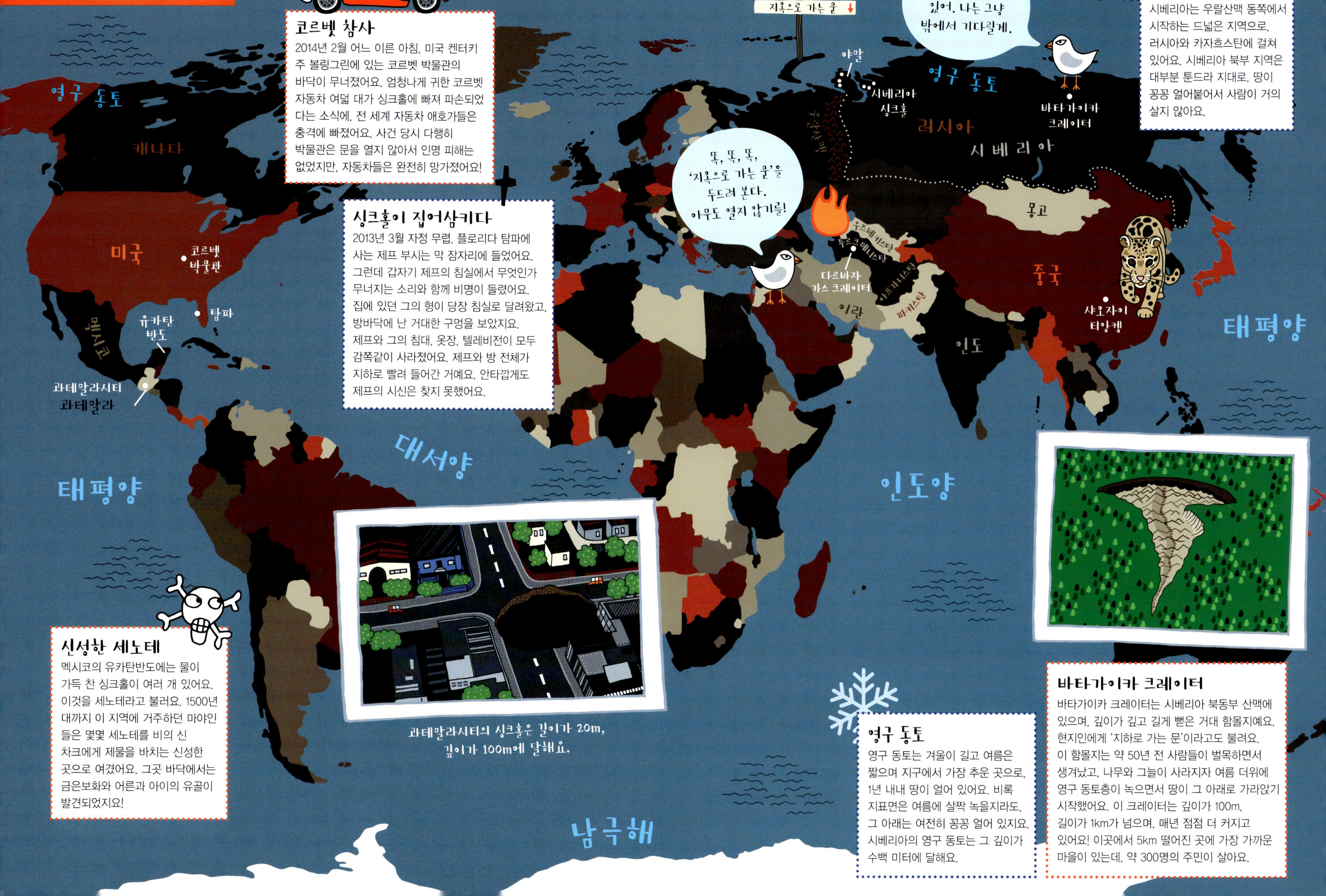

코르벳 참사

2014년 2월 어느 이른 아침, 미국 켄터키 주 볼링그린에 있는 코르벳 박물관의 바닥이 무너졌어요. 엄청나게 귀한 코르벳 자동차 여덟 대가 싱크홀에 빠져 파손되었다는 소식에, 전 세계 자동차 애호가들은 충격에 빠졌어요. 사건 당시 다행히 박물관은 문을 열지 않아서 인명 피해는 없었지만, 자동차들은 완전히 망가졌어요!

싱크홀이 집어삼키다

2013년 3월 자정 무렵, 플로리다 탐파에 사는 제프 부시는 막 잠자리에 들었어요. 그런데 갑자기 제프의 침실에서 무언인가 무너지는 소리와 함께 비명이 들렸어요. 집에 있던 그의 형이 당장 침실로 달려왔고, 방바닥에 난 거대한 구멍을 보았지요. 제프와 그의 침대, 옷장, 텔레비전이 모두 감쪽같이 사라졌어요. 제프와 방 전체가 지하로 빨려 들어간 거예요. 안타깝게도 제프의 시신은 찾지 못했어요.

시베리아

시베리아는 우랄산맥 동쪽에서 시작하는 드넓은 지역으로, 러시아와 카자흐스탄에 걸쳐 있어요. 시베리아 북부 지역은 대부분 툰드라 지대로, 땅이 꽁꽁 얼어붙어서 사람이 거의 살지 않아요.

과테말라시티의 싱크홀은 깊이가 20m, 길이가 100m에 달해요.

신성한 세노테

멕시코의 유카탄반도에는 물이 가득 찬 싱크홀이 여러 개 있어요. 이것을 세노테라고 불러요. 1500년 대까지 이 지역에 거주하던 마야인들은 몇몇 세노테를 비의 신 차크에게 제물을 바치는 신성한 곳으로 여겼어요. 그곳 바닥에서는 금은보화와 어른과 아이의 유골이 발견되었지요!

영구 동토

영구 동토는 겨울이 길고 여름은 짧으며 지구에서 가장 추운 곳으로, 1년 내내 땅이 얼어 있어요. 비록 지표면은 여름에 살짝 녹을지라도, 그 아래는 여전히 꽁꽁 얼어 있지요. 시베리아의 영구 동토는 그 깊이가 수백 미터에 달해요.

바타가이카 크레이터

바타가이카 크레이터는 시베리아 북동부 산맥에 있으며, 깊이가 깊고 길게 뻗은 거대 함몰지예요. 현지인에게 '지하로 가는 문'이라고도 불려요. 이 함몰지는 약 50년 전 사람들이 벌목하면서 생겨났고, 나무와 그늘이 사라지자 여름 더위에 영구 동토층이 녹으면서 땅이 그 아래로 가라앉기 시작했어요. 이 크레이터는 깊이가 100m, 길이가 1km가 넘으며, 매년 점점 더 커지고 있어요! 이곳에서 5km 떨어진 곳에 가장 가까운 마을이 있는데, 약 300명의 주민이 살아요.

세상의 끝에서 싱크홀 탐험?

'세상의 끝'으로 가서 싱크홀을 내려다보거나, 영원히 불타오르는 가스 크레이터 '지옥의 문'에서 소시지를 구워 볼까요? 재미있을 것 같나요? 아마도 아닐 거예요. 그렇지만 무척 흥분되겠지요! 지구 위에 있는 싱크홀 중 어떤 것은 아주 오래전에 생겼고, 어떤 것은 아무 예고도 없이 폭발적으로 빠르게 생겨나고 있어요! 지도에서 기이하고 신기하며 조금 오싹한 이 장소들이 어디에 있는지 확인해 보세요.

과테말라시티

싱크홀은 보통 땅의 표면이 석회질로 된 지역에서 자주 생겨요. 오랫동안 석회질이 지하수에 녹으면서 동굴이 만들어지다가, 동굴 천정이 갑자기 무너지면서 싱크홀이 되는 거예요. 다른 이유로 땅의 표면이 무너지는 예도 있어요. 2010년 과테말라 수도 과테말라시티에서 거대한 싱크홀이 생겼어요. 그 규모가 크고 깊어서 3층짜리 건물이 그대로 지하로 빨려 내려갔지요! 이는 하수관에서 새어 나온 물이 도시 한가운데에 깊은 크레이터를 만든 사례로, 총 15명이 사망했어요.

다르바자 크레이터

어떻게 하면 지옥에 떨어지는지 아무도 모르지만, 지옥으로 향하는 문은 투르크메니스탄에 있어요! 이곳에는 불타오르는 거대한 구멍이 있는데, '지옥으로 가는 문'이라는 가스 크레이터예요. 이 크레이터는 땅속 깊이 구멍을 파서 메탄가스를 조사하던 중, 지하 동굴에 구멍을 내면서 생겼어요. 지면이 아래로 가라앉으면서 가스가 지상으로 마구 뿜어 나왔어요. 사람들은 며칠이면 가스가 다 불타서 없어질 거라 생각하고 구멍에 불을 냈지만, 틀렸어요! '지옥으로 가는 문'은 1971년부터 지금까지 아직도 불타고 있어요!

메탄

메탄은 무색무취 가스로, 매우 쉽게 불이 붙어요. 메탄 자체가 독성을 가진 것은 아니지만, 공기 중에 스며 들어 구토를 일으키므로 위험해요. 이산화탄소 다음으로 지구 온난화의 원인으로 지목되는 물질이지요. 천연가스나 바이오가스는 대부분 메탄으로 이루어져 있어요.

'지옥으로 가는 문' 다르바자 크레이터는 투르크메니스탄 중심부 카라쿰 사막에 있어요.

티앙켕은 '하늘의 구멍'이라는 뜻이에요.

샤오자이 티앙켕

중국에는 세상에서 가장 크고 깊은 싱크홀 중 하나가 있어요. 구멍의 지름이 무려 626m이고, 수직으로 발달한 벽면의 깊이는 지하 662m나 돼요. 규모가 매우 커서 그 안에 작은 생태계가 생길 정도예요. 이곳에는 희귀종인 구름 레오파드를 비롯하여, 약 1천 200여종의 다양한 식물과 동물 들이 살고 있어요. 이 싱크홀은 수십만 년 전에 만들어졌는데, 최근 나무 계단을 설치하여 구멍 안에서 좀 더 가까이 자연을 관찰할 수 있어요.

시베리아의 싱크홀 중 하나는 길이가 50m, 깊이가 70m예요. 이 싱크홀은 야말반도에서 발견되었는데, 야말은 '세상의 끝'을 뜻해요!

시베리아 싱크홀

2014년 여름, 순록을 돌보던 유목민들은 여느 때와 같이 시베리아 툰드라 지역을 지나고 있었어요. 그러던 중 그들은 갑자기 거대한 분화구 속으로 미끄러져 내려갔어요. 이것이 무엇일까요? 처음에는 운석이 떨어졌거나, 군사 훈련을 위한 구덩이 혹은 외계인이 만든 구멍으로 추측했어요! 훗날 학자들은 메탄 때문에 싱크홀이 생긴 거라고 밝혀냈어요. 오랫동안 땅속에 얼어 있던 가스가 영구 동토가 녹기 시작하면서 스며 나와 과격한 폭발을 일으킨 거죠. 그 뒤로 여러 개의 싱크홀이 발견되었고, 시간이 갈수록 더 많은 구멍이 생길 예정이에요.

신비한 존재

1부

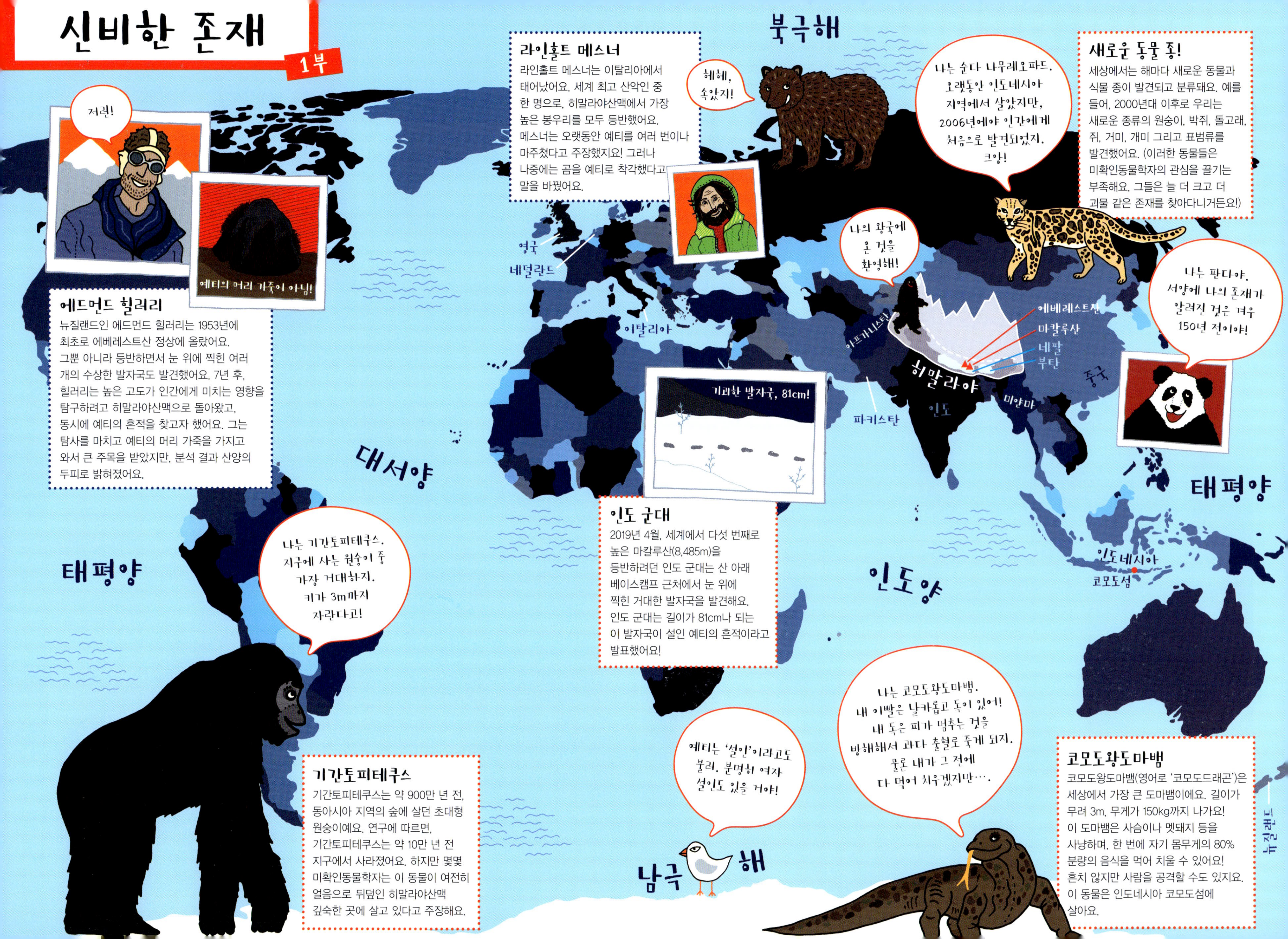

에드먼드 힐러리

뉴질랜드인 에드먼드 힐러리는 1953년에 최초로 에베레스트산 정상에 올랐어요. 그뿐 아니라 등반하면서 눈 위에 찍힌 여러 개의 수상한 발자국도 발견했어요. 7년 후, 힐러리는 높은 고도가 인간에게 미치는 영향을 탐구하려고 히말라야산맥으로 돌아왔고, 동시에 예티의 흔적을 찾고자 했어요. 그는 탐사를 마치고 예티의 머리 가죽을 가지고 와서 큰 주목을 받았지만, 분석 결과 산양의 두피로 밝혀졌어요.

라인홀트 메스너

라인홀트 메스너는 이탈리아에서 태어났어요. 세계 최고 산악인 중 한 명으로, 히말라야산맥에서 가장 높은 봉우리를 모두 등반했어요. 메스너는 오랫동안 예티를 여러 번이나 마주쳤다고 주장했지요! 그러나 나중에는 곰을 예티로 착각했다고 말을 바꿨어요.

새로운 동물 종!

세상에서는 해마다 새로운 동물과 식물 종이 발견되고 분류돼요. 예를 들어, 2000년대 이후로 우리는 새로운 종류의 원숭이, 박쥐, 돌고래, 쥐, 거미, 개미 그리고 표범류를 발견했어요. (이러한 동물들은 미확인동물학자의 관심을 끌기는 부족해요. 그들은 늘 더 크고 더 괴물 같은 존재를 찾아다니거든요!)

인도 군대

2019년 4월, 세계에서 다섯 번째로 높은 마칼루산(8,485m)을 등반하려던 인도 군대는 산 아래 베이스캠프 근처에서 눈 위에 찍힌 거대한 발자국을 발견해요. 인도 군대는 길이가 81cm나 되는 이 발자국이 설인 예티의 흔적이라고 발표했어요!

기간토피테쿠스

기간토피테쿠스는 약 900만 년 전, 동아시아 지역의 숲에 살던 초대형 원숭이예요. 연구에 따르면, 기간토피테쿠스는 약 10만 년 전 지구에서 사라졌어요. 하지만 몇몇 미확인동물학자는 이 동물이 여전히 얼음으로 뒤덮인 히말라야산맥 깊숙한 곳에 살고 있다고 주장해요.

코모도왕도마뱀

코모도왕도마뱀(영어로 '코모도드래곤')은 세상에서 가장 큰 도마뱀이에요. 길이가 무려 3m, 무게가 150kg까지 나가요! 이 도마뱀은 사슴이나 멧돼지 등을 사냥하며, 한 번에 자기 몸무게의 80% 분량의 음식을 먹어 치울 수 있어요! 흔치 않지만 사람을 공격할 수도 있지요. 이 동물은 인도네시아 코모도섬에 살아요.

예티를 찾아서

거대하고 털로 뒤덮인 이 존재가 정말 히말라야 높은 산봉우리를 몰래 돌아다니고 있을까요? 사실은 곰이나 원숭이 혹은 사라진 원시인이 아닐까요? 아니면 정말로 예티인 걸까요? 수많은 증언과 다큐멘터리가 있지만, 예티가 존재한다는 걸 증명하는 건 쉽지 않아요. 반대로 예티가 없다는 걸 증명하는 것도 결코 쉽지 않지요. 따라서 늘 예티에 대한 소식을 기대할 수 있어요! 지도에서 그 미지의 인물이 산다고 알려진 곳을 확인해 보세요!

미확인동물학

존재 여부가 확인되지 않은, 미지의 동물에 대해 연구하는 학문을 미확인동물학이라고 불러요. 그런 동물은 미확인동물, 즉 크립티드라 부르고, 이 동물을 탐사하는 사람을 미확인동물학자라 부르지요. 미확인동물학자는 현재는 불가능해 보이지만 미래에는 진실로 밝혀질 수 있을만한 것들을 찾아내요.!

정말 괴물이 있다고요!

예를 들어, 인도양 외딴섬에 용처럼 생긴 식인 괴물이 있다는 이야기는 서양에서는 오랫동안 단순한 괴담으로 여겨졌어요. 그러다 1910년, 네덜란드 선원들이 항해하다가 정말로 괴물 같은 생물이 가득한 섬을 우연히 지나치게 되었지요. 이 괴물은 바로 코모도왕도마뱀이었어요.
중앙아프리카 원주민들은 온몸이 검은 털로 뒤덮이고 사람처럼 생긴 거대한 괴물을 깊은 정글 속에서 보았다고 증언했어요.
1800년대 중반, 유럽 여행자들이 이 괴물이 고릴라라는 사실을 확인할 때까지 서양에서도 관련 설화가 전해졌어요.
예티를 봤다는 주장은 사실일까요?
지구에는 거대하고 신비한 존재가 아직 더 많이 있을지도 몰라요.
미확인동물학자들에게 물어보면, 당연히 그렇다고 말할 거예요!

고릴라

예티

히말라야는 세계에서 가장 높은 산맥이자, 아마도 가장 좋은 은신처일지도 몰라요. 눈으로 뒤덮인 산봉우리와 거대하고 꽁꽁 얼어붙은 만년설 사이에 그 전설적인 설인, 예티가 살고 있다고들 말해요!
그 지역 주민들과 전 세계에서 모인 등반가들이 모두 예티를 본 적이 있다고 증언해요. 가장 흔한 설명은 키가 크고 두 발로 걷는, 원숭이와 비슷한 존재라는 거예요. 예티는 검은색 혹은 붉은 갈색 털을 가졌고, 머리는 뾰족하고, 어깨가 넓으며, 팔이 길다고 해요.

예티 열풍

히말라야 지역 사람들 사이에서 예티에 대한 전설이 수백 년 전부터 전해 내려왔지만, 1951년에야 비로소 세상에 널리 알려졌어요.
같은 해에 영국인 에릭 십턴은 에베레스트 산자락의 만년설에 찍힌 예티의 발자국을 발견했어요. 그는 1㎞ 넘게 발자국을 쫓아갔지만, 결국 도중에 발길을 돌려야 했어요. 십턴은 예티의 모습을 직접 보지는 못했지만, 그 신비한 발자국을 여러 장의 사진으로 남겼어요.
이 사진들이 신문에 실리자, 아무도 존재를 몰랐던 설인은 곧 세계적으로 유명해졌어요!

에릭 십턴

에릭 십턴은 1907년 잉글랜드에서 태어났어요. 그 시대에 활동한 뛰어난 등반가였지요. 1951년에 그는 히말라야를 탐사하면서 에베레스트산 정상으로 향하는 등산로를 찾는 데 성공해요! 2년 뒤, 에드먼드 힐러리와 텐징 노르가이가 십턴의 등산로를 따라 세계 최초로 에베레스트 정상에 오르지요. 십턴의 등산로는 오늘날 에베레스트산을 오르는 이들이 가장 많이 사용하는 등산로가 되었어요.

에릭 십턴이 1951년에 발견한 발자국은 이렇게 생겼어요! 그는 크기를 가늠하기 쉽도록 얼음을 깨는 도끼를 옆에 놓았어요.

히말라야

지구 어느 곳에도 히말라야처럼 높은 산은 없어요. 이곳에는 세상에서 가장 높은 산봉우리 100곳이 모여 있고, 모두 해발 7,000m가 넘지요! 히말라야는 거대하고 접근하기 힘든 지역으로, 사람이 거의 살지 않아요. 예티에게 딱 숨기 좋은 곳이지요.
히말라야에 실제로 사는 동물은 눈표범, 히말라야 흑곰, 야크, 마코르염소, 레서판다 그리고 랑구르 원숭이 등이 있어요.

히말라야흑곰

신비한 존재

2부

스컹크 유인원

빅풋 외에도 미국에는 원숭이를 닮은 신비한 존재가 더 있어요. 바로 플로리다의 거대한 늪지대 에버글레이즈에 표범과 악어, 엄청 큰 버마왕뱀과 스컹크 유인원이라 불리는, 털이 부숭부숭한 존재가 산다고 해요. 이 동물은 스컹크처럼 냄새가 엄청 고약해요!

엑스무어의 짐승

영국 남부 지역에는 커다란 고양잇과의 동물이 있는데, 인근 농장의 동물들을 잡아먹어서 원성이 높아요. 이 동물은 검은색 표범과 비슷하지만, 표범은 주로 아프리카나 아시아에 살며 영국의 평원에는 존재하지 않아요! 1890년대에 영국 정부는 이 동물을 잡기 위해 군대를 보냈지만, 결국 실패했어요.

울퍼팅거

전설에 의하면, 독일 알프스 지역에는 매우 특이한 동물인 울퍼팅거가 살아요. 이 동물은 토끼와 비슷하지만, 머리에는 뿔이 솟아 있고 등에 날개가 있으며, 매우 날카로운 송곳니 두 개가 있다고 해요!

오랑바티

오랑바티는 날아다니며 인도네시아 열대 우림에 산다고 알려져 있어요. 붉은 몸체에 검은 날개, 원숭이와 유사한 얼굴을 가졌다고 해요. 오랑바티가 더 끔찍한 이유는, 이 괴물이 아이들을 잡아먹는다는 소문이 돌기 때문이에요! 몇몇 이들은 오랑바티가 박쥐의 변종일 거라고 생각해요.

모스맨

1966년 11월, 미국 포인트 플레전트라는 마을에서 다섯 명의 남자가 교회 무덤에서 구덩이를 파다가 거대한 괴물체를 만났어요. 이 검은 존재는 붉은 눈을 빛내며 그들의 머리 위로 날아왔어요. 이후로도 십여 차례 이상 이 존재에 대한 목격담이 들려왔고, 그 후 모스맨이라는 이름으로 불리기 시작했어요. 1년 뒤 이 마을에 끔찍한 사건이 발생하는데, 포인트 플레전트의 다리가 갑자기 무너져 46명이 사망했어요. 많은 사람이 이 끔찍한 사고의 원인으로 모스맨을 지목했지요!

저지 데블

저지 데블에 대한 전설은 1700년대부터 전해 내려왔어요. 이 전설에 따르면, 한 아이가 태어났는데 태어난 지 몇 분 만에 곧 날개와 뿔, 긴 꼬리를 가진 괴물로 변했다고 해요. 저지 데블이라는 이 괴물은 숲으로 날아갔고, 여전히 그곳에 살고 있대요. 그 이후로 이 존재는 미국 뉴저지 사람들을 공포에 떨게 했어요.

츄파카브라

1990년대 중반, 푸에르토리코 농부들은 키우던 염소와 양, 닭이 마치 뱀파이어에게 물린 듯 피를 모두 빨린 채 죽었다며 무척 흥분하여 신고했어요. 이는 츄파카브라라는 괴물이 한 짓으로 의심되는데, 이 사건은 이후 북아메리카의 다른 여러 지역으로도 번졌어요. 츄파카브라는 두 발로 걷고 붉은 눈을 가졌으며, 등 위로 날카로운 가시가 솟아 있대요.

수상한 존재들의 세상!

털이 수북한 괴물, 위험한 지렁이, 빨간 눈으로 날아다니는 괴물 등 신비한 존재들은 세상 곳곳에서 발견되고 있어요! 빅풋, 살인 지렁이, 모스맨, 스컹크 원숭이, 요위, 알마스 그리고 츄파카브라까지, 이상한 존재들은 지구에 있는 지역 수만큼이나 많아 보여요! 가장 신비한 존재들이 어디에 산다고 전해지는지 지도에서 확인해 보세요.

빅풋

세상에서 가장 유명한 미확인동물*은 당연히 빅풋이에요. 빅풋은 거대한 몸집에 온몸이 털로 덮였고, 생김새가 원숭이와 비슷하며, 전설에 의하면 미국 북서부 지역의 숲에 숨어 산다고 해요. 빅풋은 키가 3m에 두 발로 걸으며, 주로 밤에 활동한다고 알려져 있어요. 보통 혼자 활동하지만, 빅풋의 가족을 봤다는 목격담도 있어요!

빅풋의 사촌들

빅풋과 비슷하게 생긴 존재에 대한 목격담도 전 세계 곳곳에서 찾을 수 있어요. 지역마다 그저 이름이 조금씩 다를 뿐이지요.
예를 들어, 오스트레일리아에는 키가 3.6m가 넘는 '요위'가 있고, 중국은 '예렌'이라는 괴 존재를 잡기 위해 오랫동안 노력했어요. 몽골에는 거대한 괴물 '알마스'에 대한 전설이 있고, 인도네시아 정글에는 '오랑펜덱'이라는, 빅풋 덩치의 반만 한 작은 괴물이 있다고 해요. 아프리카에도 인간과 비슷하고 털이 많은 존재가 있었는데, 이는 고릴라였어요. 괴물이 아닌 진짜 동물이지요!
또 다른 털이 많은 생물들도 정말 존재할까요? 만약 그렇다면 그들은 서로 친척일까요? 매년 비밀리에 가족 모임을 열고, 세계 곳곳에 있는 불쌍한 인간들을 어떻게 놀라게 했는지에 대해 서로 이야기를 나눌까요? 궁금한 것은 많지만, 미확인동물학계에서 질문의 답을 찾아내는 경우는 매우 드물어요!

엄청난 거짓말

빅풋 열풍은 1958년, 북부 캘리포니아의 숲에서 일하던 사람들이 줄지어 뻗어 있는 거대한 발자국들을 발견하면서 시작돼요. 대체 어떤 괴물이 이 흔적을 남긴 걸까요? 그 신비한 발견은 곧바로 전국 신문에 보도되었고, 그때부터 빅풋이라는 이름을 얻게 되었어요. 당시 숲속에서 일하던 노동자였던 레이 월레스가 2002년에 사망했는데, 그의 자녀들은 빅풋의 발자국이 사실은 친구들에게 장난을 치려고 월레스가 만든 거라고 밝혔어요. 월레스와 그 가족이 약 50년이나 이 비밀을 숨긴 거죠! 그럼에도 빅풋에 열광하는 이들은 실망하기는커녕 그 발자국이 만들어졌더라도 다른 모든 빅풋에 대한 흔적이 가짜는 아닐 거라고 믿어요. 월레스는 천국에서 한바탕 신나게 웃었을 테고, 빅풋에 대한 전설은 계속되고 있지요!

레이 월레스는 나무로 직접 만든 '빅풋-슬리퍼'를 신고 발자국을 남겼어요.

데스웜(죽음의 지렁이)

데스웜은 길이가 1m에 달하는 붉은색 굵은 지렁이로, 몽골의 고비 사막에 산다고 알려져 있어요. 너무나 끔찍해서 그 지역 사람들은 종종 이 괴물의 이름을 입에 담기조차 꺼려요!
데스웜은 대부분의 시간을 모래 언덕 아래에서 숨어 지내는데, 땅 위로 나오는 순간 무척 위험한 존재가 되지요. 먹잇감에 강한 산성의 액체를 뿜기도 하고, 심지어 생명을 앗아갈 정도로 강한 전기 충격을 주기도 해요.
데스웜을 실제로 본 사람을 찾기는 힘들어요. 가까이 갔던 사람들이 모두 죽었기 때문일까요?

* 미확인동물학에 대해 15쪽에서 자세히 읽어 보세요.

수중 괴물

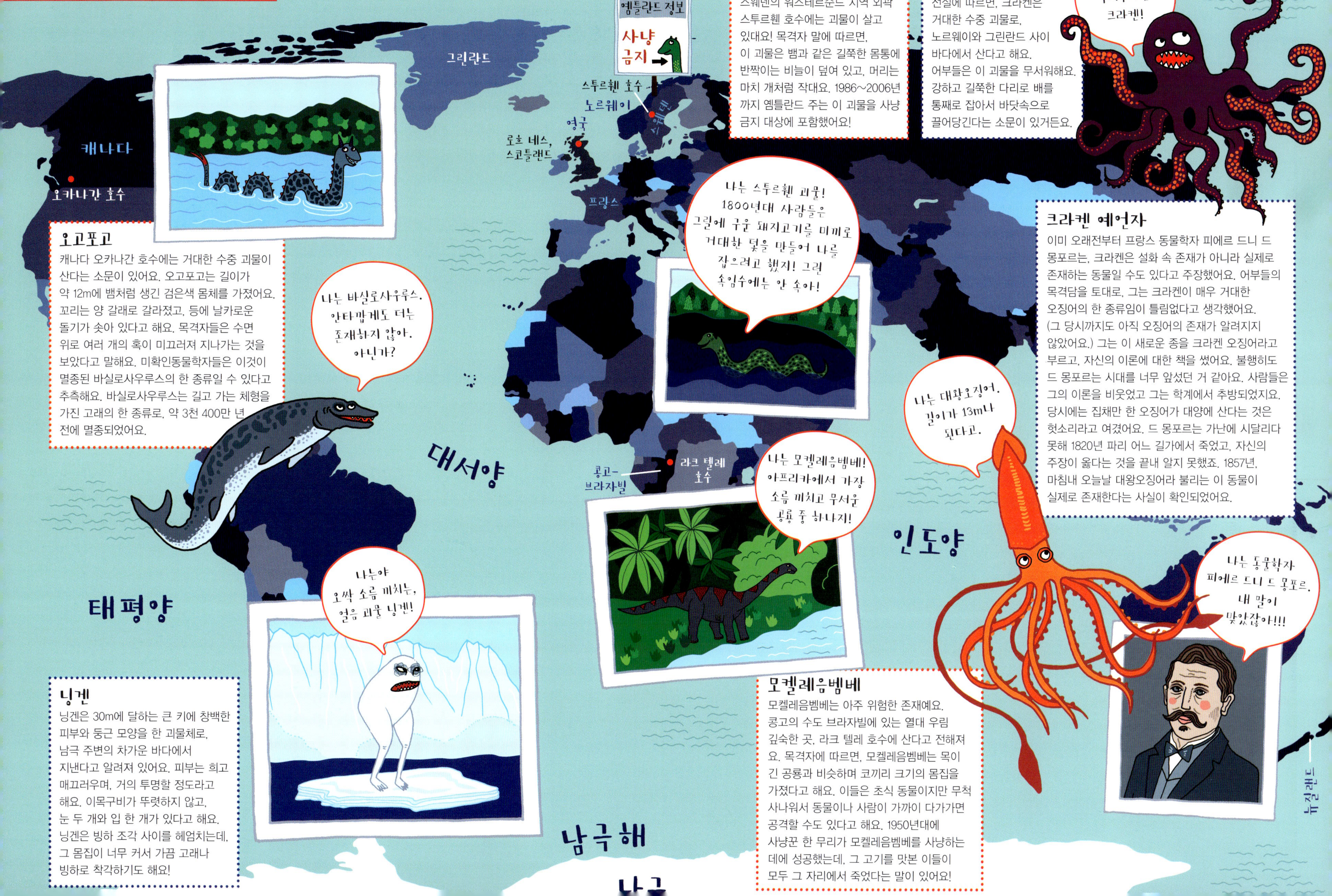

스투르휀 괴물

스웨덴의 워스테르순드 지역 외곽 스투르휀 호수에는 괴물이 살고 있대요! 목격자 말에 따르면, 이 괴물은 뱀과 같은 길쭉한 몸통에 반짝이는 비늘이 덮여 있고, 머리는 마치 개처럼 작대요. 1986~2006년까지 옘틀란드 주는 이 괴물을 사냥 금지 대상에 포함했어요!

크라켄

전설에 따르면, 크라켄은 거대한 수중 괴물로, 노르웨이와 그린란드 사이 바다에서 산다고 해요. 어부들은 이 괴물을 무서워해요. 강하고 길쭉한 다리로 배를 통째로 잡아서 바닷속으로 끌어당긴다는 소문이 있거든요.

오고포고

캐나다 오카나간 호수에는 거대한 수중 괴물이 산다는 소문이 있어요. 오고포고는 길이가 약 12m에 뱀처럼 생긴 검은색 몸체를 가졌어요. 꼬리는 양 갈래로 갈라졌고, 등에 날카로운 돌기가 솟아 있다고 해요. 목격자들은 수면 위로 여러 개의 혹이 미끄러져 지나가는 것을 보았다고 말해요. 미확인동물학자들은 이것이 멸종된 바실로사우루스의 한 종류일 수 있다고 추측해요. 바실로사우루스는 길고 가는 체형을 가진 고래의 한 종류로, 약 3천 400만 년 전에 멸종되었어요.

크라켄 예언자

이미 오래전부터 프랑스 동물학자 피에르 드니 드 몽포르는, 크라켄은 설화 속 존재가 아니라 실제로 존재하는 동물일 수도 있다고 주장했어요. 어부들의 목격담을 토대로, 그는 크라켄이 매우 거대한 오징어의 한 종류임이 틀림없다고 생각했어요. (그 당시까지도 아직 오징어의 존재가 알려지지 않았어요.) 그는 이 새로운 종을 크라켄 오징어라고 부르고, 자신의 이론에 대한 책을 썼어요. 불행히도 드 몽포르는 시대를 너무 앞섰던 거 같아요. 사람들은 그의 이론을 비웃었고 그는 학계에서 추방되었지요. 당시에는 집채만 한 오징어가 대양에 산다는 것은 헛소리라고 여겼어요. 드 몽포르는 가난에 시달리다 못해 1820년 파리 어느 길가에서 죽었고, 자신의 주장이 옳다는 것을 끝내 알지 못했죠. 1857년, 마침내 오늘날 대왕오징어라 불리는 이 동물이 실제로 존재한다는 사실이 확인되었어요.

닝겐

닝겐은 30m에 달하는 큰 키에 창백한 피부와 둥근 모양을 한 괴물체로, 남극 주변의 차가운 바다에서 지낸다고 알려져 있어요. 피부는 희고 매끄러우며, 거의 투명할 정도라고 해요. 이목구비가 뚜렷하지 않고, 눈 두 개와 입 한 개가 있다고 해요. 닝겐은 빙하 조각 사이를 헤엄치는데, 그 몸집이 너무 커서 가끔 고래나 빙하로 착각하기도 해요!

모켈레음벰베

모켈레음벰베는 아주 위험한 존재예요. 콩고의 수도 브라자빌에 있는 열대 우림 깊숙한 곳, 라크 텔레 호수에 산다고 전해져요. 목격자에 따르면, 모켈레음벰베는 목이 긴 공룡과 비슷하며 코끼리 크기의 몸집을 가졌다고 해요. 이들은 초식 동물이지만 무척 사나워서 동물이나 사람이 가까이 다가가면 공격할 수도 있다고 해요. 1950년대에 사냥꾼 한 무리가 모켈레음벰베를 사냥하는 데에 성공했는데, 그 고기를 맛본 이들이 모두 그 자리에서 죽었다는 말이 있어요!

물속 가장 깊은 곳에는…

많은 사람들은 어둡고 깊은 물을 무서워해요. 게다가 어떤 호수나 바다에는 거대한 괴물이 산다는 소문까지 있어서 더 무섭게 느껴져요! 호수 괴물 중 가장 유명한 것은 바로 스코틀랜드에 사는 로흐 네스 괴물이에요. 그밖에 오고포고, 닝겐, 스투르쉰 괴물 등 신비한 존재들이 있지요. 이러한 수중 생물체들이 어디서 발견되었는지 지도에서 확인하세요!

'로흐'는
스코틀랜드어로
호수라는 뜻이야.

로흐 네스의 괴물

로흐 네스는 폭이 좁고 아주 깊은 호수로, 스코틀랜드의 아름다운 고산 지대에 있어요. 이 차갑고 어두운 물에 전설의 괴물이 살아요. 네시라고 불리는 이 괴물은 길이가 약 12m에, 작은 머리와 지느러미, 길고 가는 목을 가진 수중 동물이라고 해요. 오늘날 지구에 존재하는 어떤 동물과도 닮은 점이 없는데, 공룡이 멸종하면서 사라졌던 플레시오사우르스와 비슷한 점이 많아요.
이 괴물은 쥐라기 시대의 공룡이 오늘날까지 살아남은 것일까요? 많은 사람들이 그것이 사실이기를 바라요!

네시 열풍!

1930년대부터 괴물 네시가 사람들에게 큰 관심을 받기 시작해요. 사람들이 더 가까이에서 괴물을 관찰할 수 있도록 네스 주위에 새로 길을 만들 정도였어요. 혹시 괴물을 볼 수 있을지도 모르니까요!
그 후 수많은 증언이 쏟아졌어요. 수천 명의 사람들이 네시를 보았다고 주장했으며, 화질이 좋지 않은 사진이나 동영상도 아주 많았어요. 그러나 결정적인 증거는 없었지요. 이 호수는 깊이가 240m나 되는데다가, 물속을 전혀 볼 수가 없거든요!

* **토탄:** 땅속에 묻힌 시간이 오래되지 아니하여 완전히 탄소로 변하지 못한 석탄이에요.

로흐 네스 잠수함

의사 로버트 윌슨이 찍은 사진은 오랫동안 네스의 괴물이 존재한다는 증거로 사용되었어요. 이 사진은 1934년 4월 21일, 영국 신문 《데일리 메일》에 소개되어 전 세계적으로 큰 관심을 받았어요!
하지만 60년이 지난 후, 그 사진이 조작된 것으로 밝혀졌어요! 사진 속 수중 괴물처럼 보이는 것은 사실 나무로 만든 네시의 머리를 붙인 장난감 잠수함이었어요!

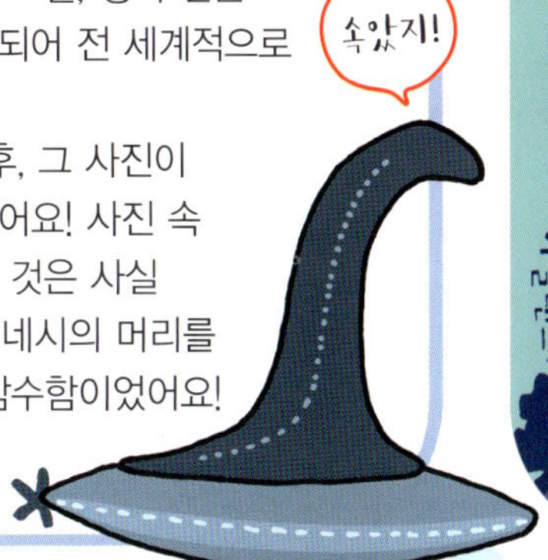

괴물의 유전자?

2019년 뉴질랜드 학자들은 네스의 물로 DNA 테스트를 진행했어요. 이 호수에 실제로 어떠한 생명체가 사는지 알아보기 위해서였지요.
분석 결과, 상어나 메기, 바다 메기와 같은 큰 물고기는 없는 것으로 나타났어요. 수달이나 물개 혹은 공룡이나 해양 파충류의 흔적도 발견되지 않았어요. 반면, 뱀장어의 DNA가 보기 드물게 아주 많이 나왔어요. 닐 젬멜 교수는, 이것이 수많은 작은 뱀장어에서 나온 것인지, 아니면 아주 거대한 뱀장어 한 마리에서 나온 것인지는 모른다고 했어요!

극한의 장소

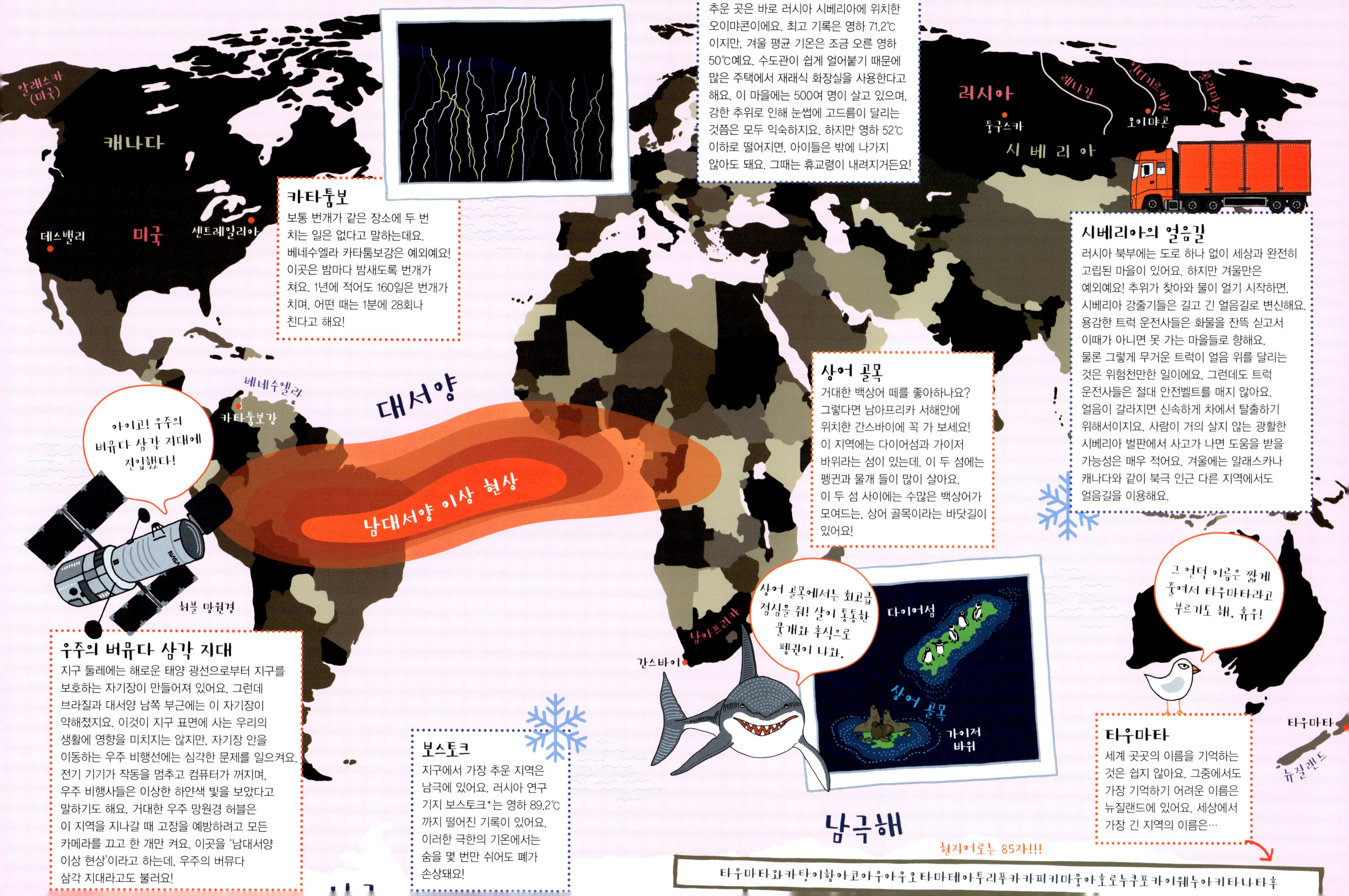

오이먀콘

지구에서 사람이 사는 마을 중 가장 추운 곳은 바로 러시아 시베리아에 위치한 오이먀콘이에요. 최고 기록은 영하 71.2℃이지만, 겨울 평균 기온은 조금 오른 영하 50℃예요. 수도관이 쉽게 얼어붙기 때문에 많은 주택에서 재래식 화장실을 사용한다고 해요. 이 마을에는 500여 명이 살고 있으며, 강한 추위로 인해 눈썹에 고드름이 달리는 것쯤은 모두 익숙하지요. 하지만 영하 52℃ 이하로 떨어지면, 아이들은 밖에 나가지 않아도 돼요. 그때는 휴교령이 내려지거든요!

카타툼보

보통 번개가 같은 장소에 두 번 치는 일은 없다고 말하는데요. 베네수엘라 카타툼보강은 예외예요! 이곳은 밤마다 밤새도록 번개가 쳐요. 1년에 적어도 160일은 번개가 치며, 어떤 때는 1분에 28회나 친다고 해요!

시베리아의 얼음길

러시아 북부에는 도로 하나 없이 세상과 완전히 고립된 마을이 있어요. 하지만 겨울만은 예외예요! 추위가 찾아와 물이 얼기 시작하면, 시베리아 강줄기들은 길고 긴 얼음길로 변신해요. 용감한 트럭 운전사들은 화물을 잔뜩 싣고서 이때가 아니면 못 가는 마을들로 향해요. 물론 그렇게 무거운 트럭이 얼음 위를 달리는 것은 위험천만한 일이에요. 그런데도 트럭 운전사들은 절대 안전벨트를 매지 않아요. 얼음이 갈라지면 신속하게 차에서 탈출하기 위해서이지요. 사람이 거의 살지 않는 광활한 시베리아 벌판에서 사고가 나면 도움을 받을 가능성은 매우 적어요. 겨울에는 알래스카나 캐나다와 같이 북극 인근 다른 지역에서도 얼음길을 이용해요.

상어 골목

거대한 백상어 떼를 좋아하나요? 그렇다면 남아프리카 서해안에 위치한 간스바이에 꼭 가 보세요! 이 지역에는 다이어섬과 가이저 바위라는 섬이 있는데, 이 두 섬에는 펭귄과 물개 들이 많이 살아요. 이 두 섬 사이에는 수많은 백상어가 모여드는, 상어 골목이라는 바닷길이 있어요!

우주의 버뮤다 삼각 지대

지구 둘레에는 해로운 태양 광선으로부터 지구를 보호하는 자기장이 만들어져 있어요. 그런데 브라질과 대서양 남쪽 부근에는 이 자기장이 약해졌지요. 이것이 지구 표면에 사는 우리의 생활에 영향을 미치지는 않지만, 자기장 안을 이동하는 우주 비행선에는 심각한 문제를 일으켜요. 전기 기기가 작동을 멈추고 컴퓨터가 꺼지며, 우주 비행사들은 이상한 하얀색 빛을 보았다고 말하기도 해요. 거대한 우주 망원경 허블은 이 지역을 지나갈 때 고장을 예방하려고 모든 카메라를 끄고 한 개만 켜요. 이곳을 '남대서양 이상 현상'이라고 하는데, 우주의 버뮤다 삼각 지대라고도 불러요!

보스토크

지구에서 가장 추운 지역은 남극에 있어요. 러시아 연구 기지 보스토크*는 영하 89.2℃까지 떨어진 기록이 있어요. 이러한 극한의 기온에서는 숨을 몇 번만 쉬어도 폐가 손상돼요!

타우마타

세계 곳곳의 이름을 기억하는 것은 쉽지 않아요. 그중에서도 가장 기억하기 어려운 이름은 뉴질랜드에 있어요. 세상에서 가장 긴 지역의 이름은…

현지어로는 85자!!!

타우마타와카탕이항아코아우아우오타마테아투리푸카카피키마웅아호로누쿠포카이웨누아키타나타후

평범함과는 아주 거리가 먼 장소!

지구에는 우리가 생각하는 적당함과는 아주 거리가 먼 장소들이 있어요. 거의 매일 번개가 내리치는 강이나, 1년 내내 엄청나게 추운 마을이 있고요. 땅이 계속 뜨겁게 불타오르는 마을이나, 우주에서 물체가 추락한 곳도 있어요. 세상에서 가장 더운 곳과 추운 곳, 그리고 가장 신기한 장소들을 지도에서 확인하세요!

센트레일리아

미국 펜실베이니아주 센트레일리아는 한때 살기 좋은 탄광촌이었어요. 그러다가 1981년, 12세 소년이 집 마당에 갑자기 생긴 불구덩이에 빠지는 사고가 일어나요.

알고 보니, 도시의 땅 표면에 있던 석탄이 불타오르기 시작한 것이었죠. 온갖 방법을 사용했으나, 불길을 잡을 수는 없었어요. 행정 기관은 이곳이 사람이 살기에 너무 위험하다고 판단했고, 지역 주민에게 다른 지역으로 옮겨 살도록 했어요. 오늘날 센트레일리아는 땅에서 연기가 피어오르는 유령 도시가 되었어요!

퉁구스카

1908년 6월 30일 이른 아침, 러시아의 퉁구스카 지역 하늘에 이상한 일이 일어나요. 희고 푸른 빛이 하늘을 가로지르더니 엄청난 섬광을 일으키며 폭발한 거예요! 그 충격으로 땅이 흔들리고 큰 폭음이 울렸으며, 뜨거운 공기의 충격파가 그 지역을 휩쓸었어요. 수많은 나무가 쓰러지고, 사람과 동물도 모두 넘어졌지요. 가장 가까운 마을은 다행히 60km나 떨어져 있었지만, 그곳에서도 창문이 모두 깨질 만큼 충격이 컸다고 해요.

운석일까요?

학자들은 이 현상이 소행성이나 운석이 떨어지면서 발생한 것으로 생각했어요. 그러나 막상 현장에 가 보니, 충돌 시 생겨나야 할 분화구가 보이지 않았지요.

그 대신 불타고 부러진 나무 8천만 그루가 쏟아진 이쑤시개처럼 숲 곳곳에 흩어져 있었고, 사건의 열쇠가 될 만한 것은 찾을 수 없었어요.

오늘날까지도 퉁구스카 사건의 원인에 대해서 학자들 사이에 의견이 나뉘어요. 그동안 수백 개의 다양한 이론이 나왔는데, 작은 블랙홀이 지구를 통과했다거나, 우주선이 폭발한 것이라는 주장도 있어요!

가장 일반적인 생각은 약 100m 지름의 돌이나 얼음으로 된 소행성이 지면과 닿기 전에 폭발로 사라졌으리라는 것이에요.

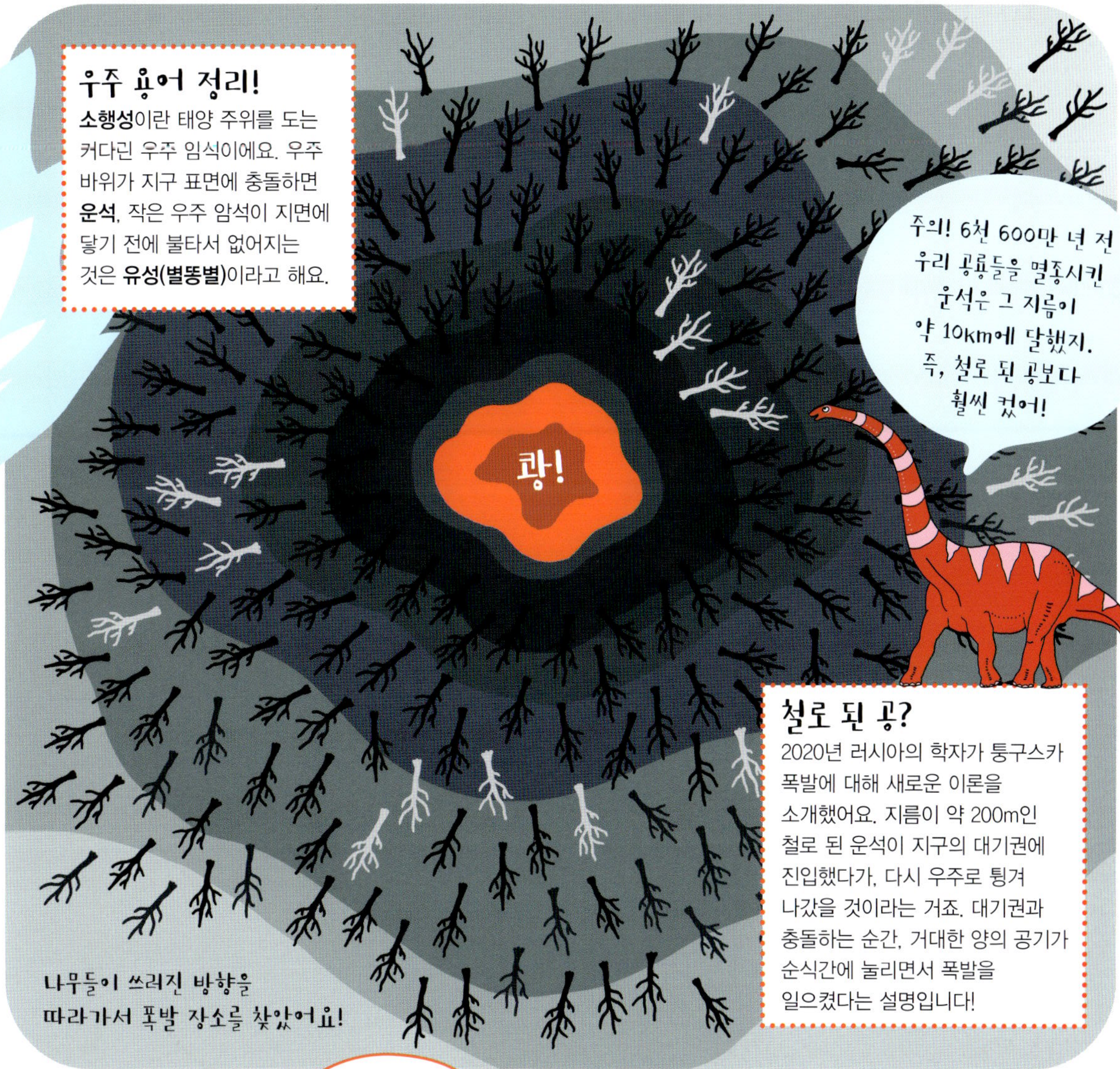

우주 용어 정리!

소행성이란 태양 주위를 도는 커다란 우주 암석이에요. 우주 바위가 지구 표면에 충돌하면 **운석**. 작은 우주 암석이 지면에 닿기 전에 불타서 없어지는 것은 **유성(별똥별)**이라고 해요.

철로 된 공?

2020년 러시아의 학자가 퉁구스카 폭발에 대해 새로운 이론을 소개했어요. 지름이 약 200m인 철로 된 운석이 지구의 대기권에 진입했다가, 다시 우주로 튕겨 나갔을 것이라는 거죠. 대기권과 충돌하는 순간, 거대한 양의 공기가 순식간에 눌리면서 폭발을 일으켰다는 설명입니다!

데스밸리

미국 네바다주에는 세상에서 가장 더운 지역이 있어요. 그 이름도 걸맞게 죽음의 계곡이라고 하는데요. 기온이 지글지글 끓어올라 54℃까지 기록했대요. 이곳의 공기는 엄청 뜨거울 뿐만 아니라 무척 건조해요. 여기서 샌드위치를 먹는다면, 다 먹기도 전에 빵이 토스터에 넣은 듯 바싹 구워질 거예요. 계란을 땅에 떨구면 바로 계란 프라이가 되고요. 이 무지막지한 열기 속에서도 뱀, 토끼, 코요테 등 다양한 동물들이 살아요.

성배

성배의 샘

예수가 십자가에 매달려 죽었을 때, 그의 친구 중 한 명인 아리마대 요셉은 예수의 피를 성배에 담아 그 잔을 몰래 영국까지 가져갔다고 해요. 그는 어느 샘물 근처에 그 잔을 숨겼고, 그때부터 샘물이 예수의 피로 인해 붉게 물들었다고 해요! 하지만 샘물이 붉은 이유는 물에 철 성분이 많기 때문이라는 말도 있어요. 성배의 샘은 영국 글래스톤베리 근처에 있어요.

기사 수도회

성배를 지키기 위한 전설의 기사 수도회가 있었다고 전해져요. 그들은 예루살렘에서 성배를 찾은 뒤, 유럽 각지에 숨겼다고 해요. 이들은 기사 수도회 혹은 그리스도의 가난한 기사들이라 불리며, 1100~1200년도에 유럽과 중동 지역에서 매우 강한 영향력을 지닌 집단이었어요.

로슬린 성당

기사 수도회가 성배 하나를 스코틀랜드 로슬린의 성당 안 작은 예배당에 가져가서 그 아래 비밀의 방에 숨겼다고 해요!

아서왕과 원탁의 기사

전설에 따르면, 아서왕은 500년대에 살았던 영국의 왕이에요. 아서왕은 누구나 평등하고 중요한 존재임을 알리기 위해 기사들이 모일 때 둥근 테이블을 사용했다고 해요. 기사들의 가장 중요한 임무는 성배를 찾는 것이었어요. 아서왕은 성배를 꼭 찾고 싶었는데, 그 성배를 가진 자는 영원히 행복한 삶을 누린다고 알려졌기 때문이에요. 아서왕의 둥근 테이블에는 항상 한 자리가 비어 있었고, 성배를 찾아낸 선한 기사를 위한 자리였어요.

예루살렘

예수가 죽은 후, 성배는 예루살렘에 그대로 남아 있을 것이라는 의견도 있어요. 예루살렘 지하에 있는 거대한 지하 통로 중 어느 곳에 숨어 있을까요?

성배가 있는 예배당

학자들에 따르면, 약 2천 년 전 중동에서 만들어진 성배가 스페인의 한 예배당에 있다고 해요. 이는 예수가 생전에 활동하던 시기, 장소와 모두 겹쳐요! 어떻게 성배가 스페인까지 오게 되었을까요? 초대 교황 베드로가 성배를 로마로 가져갔고, 로마 군인이 다시 스페인까지 옮긴 거라고 말해요. 이것이 진짜 성배일까요? 물론 그럴 수도 있지만, 증명하기란 쉽지 않아요. 그래서 성배를 찾아가는 여정은 계속되지요. 그런데 과연 성배를 찾을 수 있을까요?

성배를 쫓는 사람들!

성배를 찾아 헤매는 것은 기사들뿐만이 아니었어요. 무서운 독일 나치 지도자였던 하인리히 힘러도 성배를 찾는 데에 집착했지요. 그는 찾을 수 있다고 확신하고, 독일 북서쪽에 있는 베벨스부르크 성에 성배를 보관할 장소까지 만들어 놓았어요. 힘러는 성배에 푹 빠진 학자 오토 란을 고용해서 큰돈을 쏟아부었지만, 잘 진행되지 않았어요. 1939년에 란은 갑자기 사라졌고, 이후 오스트리아 알프스산 정상에서 얼어 죽은 채 발견되었어요.

13일의 금요일

왜 13일의 금요일을 두고 운이 나쁘다고 할까요? 여러 가지 이론이 있지만, 그중 하나는 예수가 제자들과 함께한 최후의 만찬에서 비롯돼요. 제자 유다의 배반으로 인해 만찬 다음 날, 예수가 십자가에 매달려 죽었죠. 최후의 만찬에 참석한 인원이 총 13명이고, 예수가 죽은 날이 금요일이었지요. 이보다 더 운이 나쁜 날이 있을까요!

성배를 찾아서

성배에 대한 미스터리는 세상에서 가장 꽁꽁 숨겨진 비밀인 거 같아요. 수백 년간 많은 사람들이 찾아 헤매고 추측하고 갖은 의심도 해 보았지만, 대체 성배는 어디에 있을까요?
아무리 노력해도 찾을 수 없다는 사실이 사람들을 더욱 빠져들게 만들어요. 어쨌든 계속 노력해 볼 수는 있지요! 성배가 있을 거라고 예상하는 곳이 어디인지 지도에서 확인해 보세요.

성배는 어디에?

성배란 무엇일까요? 전설에 따르면 성배는 컵이나 받침이 있는 그릇으로, 예수가 최후의 만찬 중 제자들과 포도주를 나누며 사용했던 잔이라고 해요. 이 잔은 예수가 십자가에 못 박힌 후 피를 모으는 데에도 사용되었답니다. 그 후 성배에 무슨 일이 일어난 걸까요? 지금 어디에 있을까요? 바로 이 부분이 성배를 둘러싼 수수께끼예요! 아무도 밝혀내지 못했고 의견만 많을 뿐 답이 없어요!

예수에 대한 퀴즈

예수는 누구인가요? 개신교에서 예수는 신의 아들이라고 믿어요. 예수는 사람들에게 하나님에 대해 이야기하고, 병을 치료하며, 물 위를 걷는 것과 같은 기적을 보여 주었어요. 자세한 내용은 개신교의 성스러운 기록, 성경을 참고하세요.
예수는 언제 살았나요? 예수는 약 2천 년 전에 살았어요. 오늘날 우리가 사용하는 연도 계산법은 예수가 베들레헴에서 태어난 해를 0년으로 하여 그 햇수를 세는 거예요. 예수는 33세에 십자가에 못 박혀 죽었어요.
예수와 관련된 명절이 있나요? 부활절 바로 전 성금요일은 예수가 십자가에 못 박힌 날을 기리는 것이며, 성탄절은 예수의 탄생을 축하하는 날이에요!

예수의 아이?!

성배가 잔이나 그릇을 뜻하는 것이 아니라고 믿는 사람들도 있어요. 성경에 나오는 인물 중 막달라 마리아와 예수 사이에서 태어난 아이가 있으며, 이 아이가 성배라는 의견이에요.

레오나르도의 비밀

그들은 이 엄청난 비밀을 알고 있는 사람 중 하나가 바로 화가 레오나르도 다 빈치라고 주장해요. 다 빈치가 성배에 대한 진실을 지키는 임무를 가진, 비밀 조직의 일원이었다고 말해요.

〈최후의 만찬〉 미스터리

레오나르도 다 빈치가 그린 작품 중 가장 유명한 〈최후의 만찬〉은 예수와 열두 제자의 마지막 식사 장면을 보여줘요. 예수가 성배에 포도주를 담아 마셨다고 알려진 그 식사 자리예요. 그러나 다 빈치의 그림에는 잔이 없어요. 잔을 그리는 것을 깜빡 잊은 걸까요? 그 대신 그림에 비밀 신호를 그려 넣었다는 주장이 있어요. 다 빈치가 그린 성배가 물을 담는 잔이 아니라 사람이라는 것이에요.
그 이론에 따르면 막달라 마리아가 바로 성배를 뜻하며, 예수의 아이를 배 속에 잉태하고 있다고 해요. 그림을 자세히 관찰해 보면, 예수 왼편에 있는 제자가 여자 같아 보이지 않나요?

〈최후의 만찬〉은 예수와 열 두 제자의 마지막 식사를 그린 작품이에요.

〈모나리자〉

레오나르도의 작품

레오나르도 다 빈치는 〈최후의 만찬〉과 〈모나리자〉로 잘 알려진 예술가예요. 〈최후의 만찬〉은 거대한 벽화이며, 밀라노의 성당 수도원에 그려져 있어요. 〈모나리자〉는 매우 작은 크기로, 파리 루브르 박물관에 전시되어 있어요.

레오나르도 다 빈치는 공책에 글을 적을 때 오른쪽에서부터 왼쪽으로 거꾸로 적었고, 글자도 좌우를 반대로 적었어요.

레오나르도 다 빈치

레오나르도 다 빈치는 1452년 이탈리아에서 태어난 예술가이자 학자예요. 그는 다방면으로 많은 재능을 가지고 있었지요! 이를테면, 수학, 천문학, 건축학, 의학, 공학 그리고 식물학을 공부했어요.
레오나르도는 시대를 앞서는 재능으로 낙하산, 잠수복 그리고 다양한 형태의 비행선 등 아주 먼 훗날에야 만들 수 있었던 수많은 발명품의 설계도를 그리기도 했어요.

오싹한 장소

드라큘라의 성

드라큘라 백작은 사람의 피를 빨아먹는 뱀파이어로, 아일랜드 작가 브램 스토커가 1897년에 쓴 작품 《드라큘라》에 나오는 인물이에요. 다행히 드라큘라 백작은 실존하는 인물이 아니었어요! 하지만 작가가 작품을 쓰는데 영감을 받은 블라드 3세 드라큘라는 1400년대에 루마니아에 살았던 사람이에요. 그가 실제로 사람의 피를 빨았다는 증거는 전혀 없지만, 끔찍한 행동으로 잘 알려진 인물이었죠. 그는 자신의 수많은 적을 잡아다가 죽을 때까지 말뚝을 박으며 괴롭혔어요. 오늘날 산꼭대기에 자리한 드라큘라의 성 포에나리는 폐허가 되었는데요. 가끔 안전을 이유로 방문객의 입장이 금지돼요. 이는 뱀파이어가 아니라 그 지역에 사는 수많은 곰들 때문인데요. 이 녀석들은 사람에게 다가가는 것을 겁내지 않아요.

플로그스타의 비명!

만약 적당히 무서운 장소를 가고 싶다면, 스웨덴 웁살라에 위치한 플로그스타에 가 보세요. 이곳의 대학생 아파트에 사는 학생들은 매일 저녁 10시 정각, 창문을 열고 마음껏 소리를 지르며 스트레스를 풀어요. 이 고함은 1970년대부터 지금까지 아파트에 울리고 있어요.

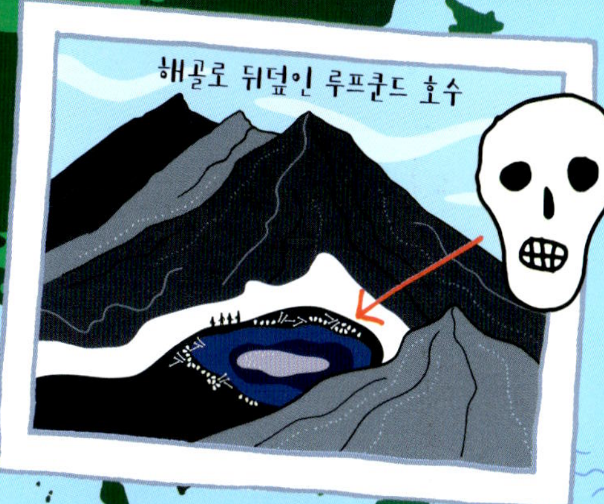

파리의 지하

프랑스 파리의 지하에는 300km가 넘는 긴 터널이 있어요. 이 터널 곳곳에 비밀 출구와 방이 있는데, 마치 파리 지하 20m 아래에 비밀의 도시가 숨어 있는 것 같아요! 이 터널은 수천 년간 석회석을 캐내면서 만들어졌는데, 안전 때문에 이곳에 머무는 것은 금지되어 있지만, 숨겨진 통로로 몰래 들어가는 사람도 있어요. 터널에서 출구를 찾아 나오는 것은 들어가는 것만큼이나 어려워요. 2017년 10대 청소년 두 명이 그 지하 미로에 들어가서 길을 잃었는데, 특수 경찰과 경찰견을 동원하여 3일 만에 겨우 찾아냈어요.

파리의 카타콤

파리의 지하 터널에는 거대한 납골당인 카타콤이 있어요. 이곳에는 6백만 명이 묻혀 있지요! 1786년, 파리 시민들이 시내에 풍기는 악취 때문에 민원을 호소하면서 모든 것이 시작되었어요. 당시 파리 교회의 공동묘지는 시신으로 넘쳐나는 상황이었어요. 결국 묘소들을 다 비우고 시신을 도시 지하의 터널로 옮기자는 결정이 내려졌고, 지하 터널은 곧 다양한 형태와 무늬를 이루며 겹겹이 쌓인 해골들이 길게 늘어서게 되었어요. 오늘날 카타콤은 파리에서 섬뜩하지만 인기 있는 관광 명소가 되었고, 지하 터널 중 유일하게 방문이 가능한 구역이기도 해요.

브란성

브란성은 트란실바니아 지역에 있고 드라큘라의 성이라고도 하지만, 이는 관광객을 유혹하기 위한 것이에요. 누군가는 블라드 3세 드라큘라가 이 성에 갇힌 적이 있다고 하지만, 뚜렷한 증거는 없어요!

쥐 사원

쥐가 우글대는 곳을 좋아한다면 인도 북부 카르니 마타 사원을 추천해요! 물론 쥐를 싫어한다면 아니지만요. 이곳에는 약 2만 마리의 쥐가 살고 있어요! 이 쥐는 그냥 평범한 쥐가 아니라 인간이 환생한 것이라고 하는데요. 이곳 사람들은 쥐를 어린아이들이라는 뜻의 '카바스'라 부르며, 매일 옥수수, 우유, 코코넛을 사료로 줘요. 이 사원은 맨발로 들어가야 하는데, 만약 쥐가 발 위로 지나가면 큰 행운이 온다고 해요.

지구에서 가장 무시무시한 장소!

나쁜 기억도 추억이에요! 정말 무시무시한 휴가를 보내고 싶나요? 오래되고 낡은 인형들이 노려보는 곳 혹은 독사가 나무마다 주렁주렁 매달린 섬은 어떤가요? 아니면 수백만 구의 오래된 해골이 묻힌 지하에 방문하는 것은요? 세상에서 가장 섬뜩한 장소나 절대 휴가를 보내고 싶지 않은 곳들을 지도에서 확인해 보세요. 끔찍한 여행이 되길!

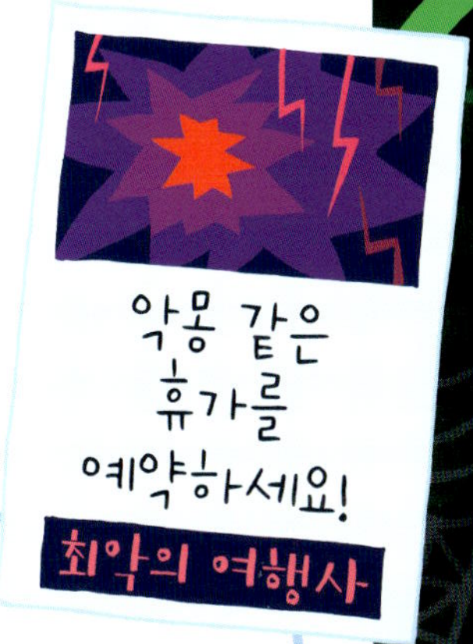

학자들은 뱀섬에 $1m^2$당 다섯 마리의 뱀이 살 정도로 많은 뱀이 있다고 해요.

뱀섬

세상에서 가장 위험한 곳 중 하나는 바로 브라질 해안에서 조금 떨어진 작은 섬이에요. 이곳은 치명적인 독을 가진 뱀으로 가득 차 있어요!
섬에는 포유류가 전혀 없어서, 이 뱀들은 쥐나 생쥐 같은 보통 먹이가 아니라 나무 위 새들을 잡아먹는다고 해요. 그래서 이 뱀들의 독성이 더욱 강해졌다고 하네요. 새들이 날아가 버리기 전에 독이 빨리 퍼져야 사냥에 성공하니까요!
케이마다 그란데 혹은 뱀섬이라 불리는 이곳은 뱀이 있어서 위험하므로 출입 금지예요.

인형섬

멕시코 수도 멕시코시티를 둘러싼 거대한 운하에서 보트를 타고 지나간다고 상상해 보세요. 굽이진 물길을 돌자 섬이 나타나는데, 수백 개의 낡은 인형들이 찢어지고 고장이 난 채로 나무에 주렁주렁 매달려 있네요.
인형들은 텅 빈 유리구슬 같은 눈동자로 정면을 노려봐요. 눈동자가 남아 있다면 말이지요!
그 작은 몸집은 비바람에 낡아 찢어졌고, 벌레와 거미줄로 뒤덮였으며, 다들 신체 부위 중 한 곳이 떨어져 나갔어요.
끔찍한 악몽 같다고요? 아니에요. 라 이슬라 데 라 무네카스, 인형섬이라고 진짜 있는 곳이에요!

인형섬에서 일어난 두 번의 비극

이 모든 일은 1950년대에 돈 줄리앙 산타나라는 남자가 이곳에 살면서 시작되었어요. 어느 날 그는 물에 빠진 소녀를 발견했는데, 이미 죽은 뒤라 생명을 구할 수 없었어요.
운하에서 한참 떨어진 곳에서 산타나는 인형을 하나 발견했어요. 그는 이 인형이 소녀의 것이라고 생각하고, 소녀의 죽음을 기리고자 인형을 나무에 매달았어요. 그 후 인형을 한 개씩 계속 매달기 시작했고, 곧 섬 전체가 인형으로 뒤덮이게 되었어요!
2001년, 두 번째 비극이 일어나요. 산타나가 죽은 채 발견되었는데, 그곳은 바로 그가 그 작은 소녀의 시체를 찾아냈던 장소였어요.
이제 섬에는 인형들만이 남아 있어요.

약 200명의 유해가 천 년 이상 루프쿤드 호수에 쌓여 있어요.

생명을 위협했던 그 우박은 이만큼이나 컸어요.

해골 호수

1942년, 인도 북부 작은 산속의 호수 루프쿤드에서 끔찍한 일이 생겼어요. 호수 안팎으로 오래된 해골 더미가 흩어져 있었던 거예요! 아무도 그 죽은 사람들이 누구인지, 그곳에 얼마나 오랫동안 내버려 두어진 것인지 몰랐어요.
2004년에 연구자들이 그곳을 찾아가 유해를 좀 더 자세히 연구한 결과, 유해들이 모두 같은 이유로 사망한 것이 밝혀졌어요. 크고 둥근 물체로 머리를 세게 맞아 죽은 거예요. 갑자기 험악한 날씨를 만났고, 거대한 우박에 맞아 사망했다고 결론을 내렸어요. 그 호수 주변에는 우박을 피할 만한 장소가 전혀 없었지요.

신비한 장소

엘도라도

금으로 만들어진 도시를 찾으려고 계획한 적이 있나요? 그렇다면 여러분은 혼자가 아니에요! 1500~1600년대에 많은 유럽의 정복자들이 엘도라도를 찾아내기 위해 남미의 열대 우림을 헤매었어요. 그곳에서 금은보화가 끝없이 나온다고 믿었기 때문이지요. 엘도라도는 '황금으로 칠한 자'라는 뜻으로, 콜롬비아 지역 원주민들이 행했던 의식에서 생겨난 말이에요. 새로 뽑힌 추장은 온몸에 금칠을 한 뒤 호수로 가서 이를 씻어 냈으며, 부족민들은 금은보화를 호수에 던졌다고 해요. 시간이 지나고 이 전설은 점점 부풀려져서, 사람들은 금으로 지어진 도시나 왕국이 있다고 믿기 시작했어요! 엘도라도를 찾아 정글 깊숙한 곳까지 샅샅이 조사가 이어졌으나 모두 실패했고, 많은 이들이 반란으로 죽었어요. 하지만 엘도라도에 대한 꿈은 여전히 남아 있어요. 열대 우림 속에 금으로 만든 도시가 진짜로 숨어 있다면 어떨까요?

스톤헨지

잉글랜드 남서부 들판에는 세계적으로 유명한 기념물이 있어요. 바로 스톤헨지라 불리는 거대한 돌을 모아 놓은 곳이에요. 둥근 형태로 늘어서 있는 이 돌들은 약 4천 년 전에 세워지기 시작했어요. 어떻게 돌을 운반했고 왜 그곳에 세워졌는지, 지금까지 아무도 풀지 못한 채 수수께끼로 남아 있어요. 이것은 해시계일까요? 혹은 사원이거나 천문학 관측소였을까요? 한 가지 확실한 것은 건축하기 무척 힘들었을 것이라는 점이에요. 가장 큰 돌은 높이가 800m, 무게는 50t이 넘어요. 일부는 무려 200㎞ 이상 떨어진 아주 먼 곳에서부터 운반해 왔을 거라고 추측해요.

울루루(에어즈록)

오스트레일리아 중앙부 평원에는 붉은 산이 우뚝 솟아 있어요. 이 산은 울루루로, 이 지역 원주민들에게 신성한 장소로 여겨져요. 이곳은 유명한 관광지이기도 해서 많은 방문객이 기념으로 돌 한 조각을 가져가려 하는데, 절대로 그러지 마세요! 울루루에서 돌을 가져가면 700만 원이 넘는 벌금을 내야만 하고, 게다가 큰 불운이 닥치기도 하지요. 매년 관광객들이 후회하며 되돌려 보내는 돌만 해도 수백 개라고 해요. 돌과 함께 보낸 편지를 보면, 사과의 말과 함께 그들에게 어떤 불행이 닥쳤는지 적혀 있어요!

나스카 지상화

비행기로 페루를 지나갈 때 사막의 풍경을 내려다 보면, 거대한 거미와 원숭이, 큰 새가 땅 위에 그려져 있는 것을 보게 될 거예요. 바로 신비로운 나스카 지상화예요. 이 그림들은 약 2천 년 전에 살았던 나스카 원주민들이 만들었어요. 땅 표면을 파내어 그 아래 더 밝은 색의 흙을 드러내는 방법을 이용해 그림을 그렸지요. 나스카 원주민들은 수백 가지 동식물의 형상을 그렸는데, 그 이유는 알려지지 않았어요. 누구를 위해 그린 그림일까요? 그림은 보통 그 길이가 수백 미터에 달해 오직 상공에서 내려다보아야만 해요! 그 시대에는 비행기도 없었는데 말이지요. 혹시 원주민들이 더 높은 곳에 있는 누군가와 소통하길 원했을까요? 아니면 일종의 천문학 달력을 만든 것일까요? 이 그림의 선을 보고, 외계인이 지구에 착륙하는 데에 쓰인 활주로라고 믿는 사람도 있어요!

벌새

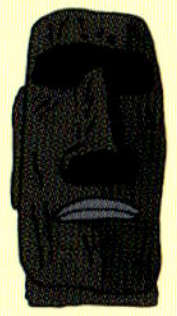

거미

신비로움이 넘치는 곳!

수천 년 전에 살았던 사람들의 흔적은 지구 곳곳에서 찾을 수 있어요. 그들은 트럭이나 건설 장비가 없었음에도 어떻게 해냈는지 혹은 왜 만들었는지 우리가 도저히 알 수 없는 거대한 돌 조각상을 만드는 데에 성공했어요. 세상에서 가장 오래되고 가장 신비한 장소들을 지도에서 찾아보세요.

이스터섬에는 수백 개의 모아이 석상이 있어요. 석상 대부분이 해안가를 따라 섬 중심부를 향해 늘어서 있어서, 섬에서 일어나는 일들을 감시할 수 있어요! 라파 누이라고도 불리는 이스터섬은 오늘날 칠레에 속해요.

왕가의 계곡

왕가의 계곡은 이집트 남부 룩소르시 바깥에 있어요. 이곳에는 왕의 시신 60구가 산을 깎아 만든 방에 잘 묻혀 있어요. 오랫동안 사람들은 시신이 모두 약탈당했을 것이라고 생각했는데, 1922년에 이것이 발견되자 크게 주목했어요! 이 지역을 15년간 발굴했던 영국 고고학자 하워드 카터는 마침내 전혀 손상되지 않은 무덤을 찾아냈어요. 금으로 만든 관에는 미라 한 구와 보석이 가득 들어 있었죠! 무덤에는 5천 점이 넘는 유물이 있었는데, 이는 18세에 사망한 투탕카멘 왕의 묘지로 확인되었어요.

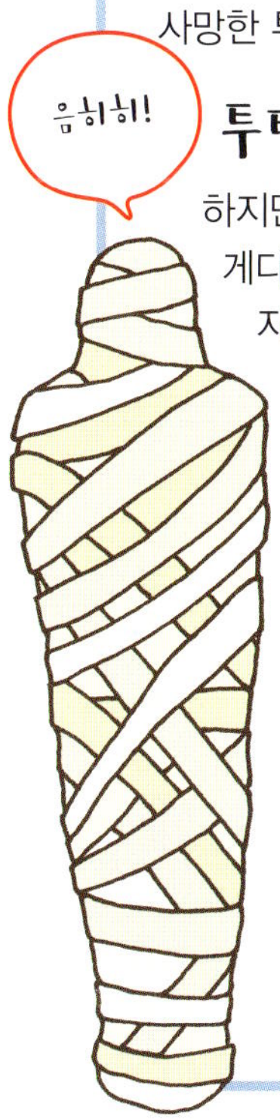

투탕카멘의 저주

하지만 고분을 파헤치는 것은 늘 위험해요. 게다가 무덤을 헐어서 못 쓰게 만든 자에게는 저주가 내린다는 전설도 전해 내려오고 있어요!

발굴 작업을 도와준 영국의 카르나르본 경은 투탕카멘의 무덤을 열어 본 뒤 넉 달 만에 모기에 물린 자리가 곪아서 죽었어요. 많은 이들이 이는 투탕카멘의 복수라고 믿었지요! 그러나 무덤을 실제로 발굴했던 고고학자 하워드 카터는 그 후로 17년을 더 살다가 1939년 65세에 사망했어요.

피라미드군

세상에서 가장 크고 가장 신비한 무덤은 이집트 기자 지역에서 볼 수 있어요. 이곳에는 돌덩이를 쌓아 만든 세 개의 거대한 피라미드가 있어요. 이 피라미드는 세 명의 왕, 쿠푸, 카프레, 멘카우레를 위해 약 4천 500년 전에 만들어진 거예요. 발견 당시 이미 약탈당해서 미라는 한 구도 없었고, 파라오와 함께 묻힌 금은보화도 당연히 없었어요!

이집트인들은 인간이 죽은 후에도 영혼이 계속 남아 있다고 믿었어요. 그래서 금은보화와 음식, 마실 것, 심지어 애완동물까지, 다음 생에 필요할 만한 것들을 관에 챙겨 넣었다고 해요.

피라미드군의 수수께끼

수많은 학자가 오랜 세월 동안 많은 조사를 해왔으나, 당시 어떤 방법으로 피라미드를 지었는지에 대해 우리는 여전히 몰라요.

그 시대에는 기계도 없었는데 어떻게 이렇게 큰 건물을 지을 수 있었을까요?

가장 큰 피라미드에서는 파라오 쿠푸가 누워 있던 방을 비롯하여 세 개의 방이 발견되었어요. 2017년, 학자들은 첨단 측정 장비를 통해 피라미드 안 돌덩이 뒤로 비밀의 방이 하나 더 있다는 것을 밝혀냈어요. 그 방에 어떤 비밀이 숨어 있는지는 아직 아무도 몰라요!

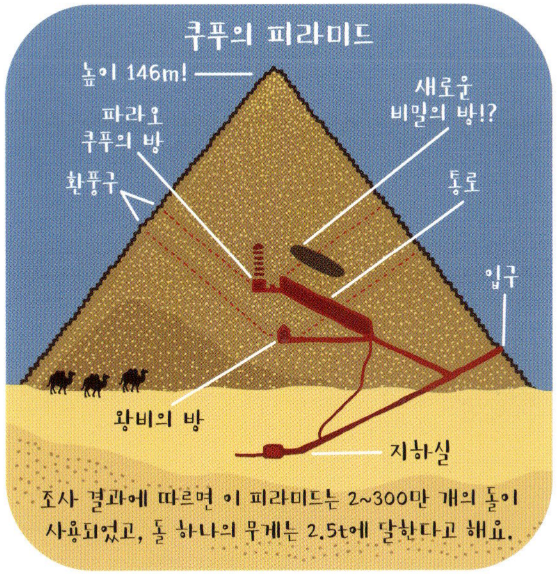

조사 결과에 따르면 이 피라미드는 2~300만 개의 돌이 사용되었고, 돌 하나의 무게는 2.5t에 달한다고 해요.

이스터섬

이스터섬은 태평양 한가운데에 있으며, 전 세계적으로 잘 알려진 거대한 석상들이 여기에 있어요. 석상은 수천 년 전 휴화산에서 나온 돌로 만들어졌으며, 그 작은 섬 안 곳곳에 퍼져 있어요. 왜 이곳 원주민들이 석상을 만들었는지에 대해서는 아무도 밝혀내지 못했어요. 대체 어떻게 그 큰 돌덩이를 옮긴 것일까요?

가장 큰 석상은 높이가 12m가 넘어요. 석상들이 초자연적인 힘의 도움을 받아 스스로 이동했다는 전설이 전해 내려오고 있어요.

이상한 바다와 호수

거대한 푸른 구멍

싱크홀은 바다에도 있어요. 벨리즈 해안 앞바다의 밑바닥에는 거대한 푸른 구멍이라 불리는 해저 분화구가 있어요. 싱크홀은 약 2만 년 전, 이 지역이 바닷물로 덮이기 전에 있던 동굴이 무너지며 만들어졌어요. 2018년 연구팀이 바다 밑바닥까지 잠수함을 타고 내려가 연구한 결과, 콜라병 한 개와 작은 카메라 한 대, 그리고 분화구로 빨려 들어갔다가 다시 나오지 못한 잠수부 세 명의 유골을 발견했어요.

사해

사해는 그 이름에 맞지 않게 바다가 아니라 호수예요. 사해의 물은 염분이 무척 높아서, 사람도 마치 코르크 마개처럼 물에 둥둥 뜨지요. 그래서 사해에서 수영하다가 물에 빠지는 것은 불가능해요! 많은 양의 소금 때문에 호수는 죽은 상태이며, 이곳에서는 어떤 동식물도 살 수 없어요.

별의 바다

인도양 몰디브 군도의 바드후섬은 바다가 온통 반짝이는 전구로 가득 찬 듯 보여요. 이곳은 별의 바다라고 불리는데, 스스로 빛을 내는 작은 플랑크톤이 형광 파란색으로 바다를 빛내는 거예요. 이 자연 현상을 경험하려면 운이 아주 좋아야 해요! 플랑크톤이 언제 바다를 빛낼지 미리 짐작하기란 불가능하거든요. 스스로 빛을 내는 플랑크톤은 다른 장소에도 있는데, 스웨덴에서는 이 플랑크톤을 마르엘드라고 불러요.

지구의 분홍색 호수

호수는 다양한 색을 띠지만, 분홍색은 흔한 색이 아니에요. 지구에서 유일하게 분홍색 호수를 볼 수 있는 곳은 스페인, 탄자니아 그리고 오스트레일리아예요. 물빛이 분홍색을 띠는 이유는, 따뜻하고 소금기가 많은 물을 좋아하는 특별한 박테리아와 해조류 때문이에요. 탄자니아의 나트론 호수에는 그 호수에 딱 맞는 동물도 살고 있지요. 이곳에는 매년 250만 마리의 분홍색 플라밍고가 모여요. (플라밍고는 태어났을 때는 회색인데, 주 먹이인 작은 갑각류를 많이 먹을수록 점차 갑각류와 동일한 분홍색으로 바뀌어요!)

이산화탄소(CO_2)

이산화탄소는 우리가 숨을 내쉴 때나 석유, 석탄을 태울 때 만들어지는 가스예요. 이산화탄소 자체는 독성이 없지만, 농도가 높아지면 산소의 비중을 낮추기 때문에 위험해요. 탄산은 이산화탄소와 물이 섞인 것으로, 음료에 들어 있는 가스를 말해요. 일산화탄소 또는 탄소 일산화물은 물질이 연소할 때 생기는데, 작은 양도 아주 독성이 강해요. (그래서 불을 피울 때에는 환기가 무척 중요하지요!)

림닉 분출 현상

호수 바닥 깊은 곳에서부터 이산화탄소가 폭발할 때, 그 주변에 있던 동물과 사람 들이 구토를 하게 되는데, 이를 림닉 분출 현상이라고 불러요. 아프리카 세 곳의 호수에서 이 특이한 현상이 일어나는데, 카메룬 니오스 호수, 모눈 호수 그리고 르완다와 콩고민주공화국 사이에 위치한 키부 호수예요.

위험한 호수와 죽음의 바다

지구는 육지와 바다가 약 3 대 7의 비율로 이루어져 있어요. 즉, 지구 표면의 71%가 물로 덮여 있지요. 그러니 육지뿐만 아니라 수면 아래에서 신비한 일이 일어나는 것도 이상한 일은 아니에요. 호수가 폭발하고, 강물이 끓어오르고, 폭포가 피를 흘리며, 바다는 직접 빛을 내요. 세상에서 가장 이상한 물은 어디에 있는지 지도에서 확인해 보세요!

끓는 강

아마존 열대 우림 깊숙한 곳에는 뜨거운 물이 흐르는 강이 있다고 해요. 얼마나 뜨거운지 동물이 빠지면 순식간에 데어서 죽을 정도예요! 보통 화산 가까이에 있을 때 수온이 오르는 경우가 많은데, 이곳은 지구 내부의 열에 의해 물이 데워진다고 해요.
샤나이 팀피쉬카라는 이 강은 페루에 있는데, 그 폭이 약 25m, 깊이가 6m에 달하며, 끓는 물이 6km를 흐른다고 해요. 당연히 이곳에서 수영은 금지인데, 폭우가 한바탕 내린 뒤 수온이 조금 내려갔을 때에는 가능하다고 해요.

살인 호수

1986년 8월 21일, 중앙아프리카 카메룬에서 보기 드문 자연재해가 일어났어요. 눈에 보이지 않는 이산화탄소 구름이 지면 위에 깔리면서, 하룻밤 사이에 수천 명의 사람과 동물 들이 숨이 막혀 죽었어요.
그 살인적인 구름은 니오스 호수 바닥에서 생겨났어요. 니오스 호수는 화산 분화구에 생긴 호수로, 물에 이산화탄소 함유량이 매우 높아요. 이전까지 호수 바닥에 고여 있던 이산화탄소가 호수 위의 수온이 높아지자 흩어지지 못하고 한 곳에 엉긴 채로 모여 있었어요.
사고의 원인을 정확히 알 수는 없지만, 무엇인가가 호수 물을 흔든 것으로 보여요. 지진이 일어났거나 혹은 호수 바닥의 땅이 가라앉은 걸까요? 어쨌든 이산화탄소가 과격하게 폭발하며 호수 밖으로 뿜어져 나왔어요. 약 50m 높이의 이산화탄소 가스층이 빠르게 호수 주변으로 퍼져 나갔고, 인근 마을에 살던 주민들은 아무도 살아남지 못했어요. 호수에서 약 25km 떨어진 곳에 살던 사람들까지 총 1천 700여 명이 사망하였는데, 이러한 현상을 림닉 폭발이라고 해요.

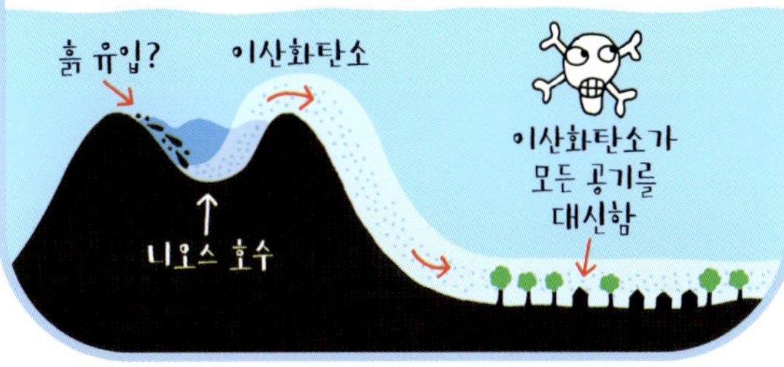

피의 폭포는 약 400m 두께의 빙하 아래에 있는 호수에서 물이 흘러내리는 거예요. 호수 물이 빙하의 작은 틈새를 찾아 폭포로 흘러내리기까지는 약 1천 500만 년이라는 엄청나게 오랜 시간이 걸렸어요!

피의 폭포

지구의 가장 아래쪽, 얼음으로 덮인 남극에는 피를 흘리는 빙하가 있어요. 그 붉은 폭포는 1911년 발견되어 피의 폭포라는 이름을 얻었어요. 하지만 2017년에 비로소 그 붉은 물이 빙하가 아니라 빙하 아래에 얼어 있던 호수 물이 녹으며 생긴 것이라는 게 밝혀졌어요.
호수 물은 철분과 염분의 함유량이 매우 높았어요. 철은 호수 물을 붉게 물들였고, 소금은 물이 얼지 않도록 했지요. 그래서 조금씩 빙하 아래로 물이 흘러 내려와 그 신비한 폭포를 만들어 낸 거예요.

동굴

북극해
대서양
태평양
인도양
남극해
태평양
미국
매머드 동굴
수정 동굴
멕시코
시스테마 삭 악툰
칠레
아르헨티나
파타고니아
대리석 동굴
베료브키나 동굴
흑해
카스피해
조지아
지중해
탐루앙 동굴
손둥 동굴
태국
베트남
와이토모 동굴
뉴질랜드
매머드 동굴은 끝없이 펼쳐진 석회석으로 된 미로야.
파타고니아는 남극 대륙을 빼고 지구에서 가장 남쪽에 있는 지역이야.
동굴에 대해 연구하는 학문을 동굴학이라고 해!

매머드 동굴

미국 켄터키에는 세상에서 가장 길이가 긴 매머드 동굴이 있어요. 엄청나게 큰 규모 덕분에 매머드라는 이름을 얻었지요. 지금까지 600km가 넘는 길이를 조사하여 지도를 만들었지만, 아직 절반도 조사하지 못했다고 해요. 매머드 동굴에는 눈이 보이지 않는 알비노 새우나 눈이 아예 퇴화해 버린 물고기 등, 칠흑 같은 어둠에 적응한 특별한 동물들이 아주 많이 살아요. 매머드 동굴은 365일 언제나 방문해도 돼요.

용식*과 침전* 과정

동굴에는 종종 커다란 고드름과 비슷한 형태의 돌이 보여요. 천장에 매달려 있는 돌을 종유석, 바닥에서부터 위로 자라는 형태를 석순이라 불러요.

손둥 동굴

1991년, 베트남에 사는 호 칸은 생계를 위해 땔감을 모으려고 정글을 헤매다가, 절벽에 난 구멍에서 구름이 흘러나오고 산 아래쪽으로 강물이 세차게 흐르는 모습을 발견했어요. 호 칸이 본 것은 세상에서 가장 큰 동굴이었지요! 하지만 그 위치를 금방 잊어버리고 말았어요. 그는 20년 뒤 2009년이 되어서야 동굴을 다시 찾아냈고, 학자들은 이를 조사하기 시작했어요. 동굴은 엄청나게 컸어요. 높이는 200m, 폭은 150m였고, 40층짜리 고층 건물이 문제없이 들어갈 수 있는 크기였어요! 이 동굴을 손둥이라고 불렀는데, '산속 강물의 동굴'이라는 뜻이에요. 칸은 그때부터 땔감 줍는 일을 그만두고 손둥 동굴의 안내인으로 일해요. 동굴에 가까이 가려면 80m 아래로 줄을 타고 내려가야 해요!

시스테마 삭 악툰

멕시코에 위치한 시스테마 삭 악툰은 세상에서 두 번째로 길이가 긴 동굴로, 약 350km예요. 동굴 전체가 거의 물에 잠겨 있는, 세상에서 가장 긴 수중 동굴이지요!

대리석 동굴

칠레와 아르헨티나 사이에 위치한 파타고니아 빙하 호수에는 세상에서 가장 아름다운 동굴이 있어요. 이 동굴은 6천여 년 동안 파도가 대리석을 깎아서 만든 것으로, 벽면에서 초록, 파랑 그리고 청록 빛이 나요. 이 색은 수면에 빛이 반사된 것이며, 매일 때에 따라 빛이 바뀌면서 달라져요. 대리석 동굴은 도로에서 아주 먼 외딴곳에 있어서, 작은 보트나 카약으로만 가까이 갈 수 있어요.

태국의 동굴 소년들

2018년 7월, 전 세계의 시선이 태국 북부에 집중되었어요. 탐루앙 동굴 입구 가까이에서 자전거와 가방, 축구화가 발견되었고, 12명의 소년과 25세 축구 감독이 사라졌어요. 11~16세 사이의 소년들은 그 동굴에 여러 번 가 본 적이 있었지만, 갑자기 강물이 불어나는 바람에 당황했던 거예요. 소년들은 빠르게 높게 차오르는 물을 피해 점점 더 동굴 안쪽으로 도망쳤어요. 이들을 구하려고 대규모 구조대가 출동했고, 세계 각국에서 온 동굴 전문 잠수부가 이곳으로 모였어요. 그들은 완전히 침수된 동굴의 일부를 일주일간 샅샅이 뒤진 끝에 마침내 소년들을 찾아냈어요. 소년들은 동굴 입구에서 3km 안쪽, 어두컴컴한 어느 절벽 가장자리에 몸을 웅크리고 있었어요. 그들은 온몸이 지저분했고 허기졌으며 추위에 떨고 있었지만, 살아 있었어요! 그 소식을 들은 모두가 기뻐했어요. 하지만 어떻게 해야 그들을 동굴 밖으로 꺼낼 수 있을까요? 물로 가득 찬 좁은 통로를 지나 밖으로 나오기 위해서는 매우 능숙한 잠수 실력이 필요했어요. 하지만 몇몇 소년들은 수영조차 할 줄 몰랐지요. 결국 소년들에게 산소마스크를 씌우고 들것에 고정한 다음, 잠수부가 끌고 나오기로 했어요. 이때 소년들이 겁에 질릴 것을 걱정해서 강한 안정제를 먹였고, 모두 기적적으로 구출되었어요! 그들은 총 17일간 동굴에 갇혀 있었어요.

* **용식**: 빗물이나 지하수가 암석을 녹여서 표면을 깎는 것을 말해요.
* **침전**: 액체 속에 있는 물질이 밑바닥에 가라앉는 것을 말해요.

지구 위 비밀 은신처

동굴은 마치 지구의 은신처와 같아요. 정확하게 그 위치를 알고 있어야만 발견할 수 있지요. 입구를 찾는 것은 어렵고, 때로는 거의 불가능해요. 하지만 그 너머에는 환상적인 공간이 펼쳐지지요. 동굴은 전 세계 곳곳의 산에 있지만, 발견과 탐사가 이루어진 곳은 극히 일부예요. 세상에서 가장 길고, 깊고, 위험하고, 환상적인 동굴들이 어디에 있는지 지도에서 확인해 보세요!

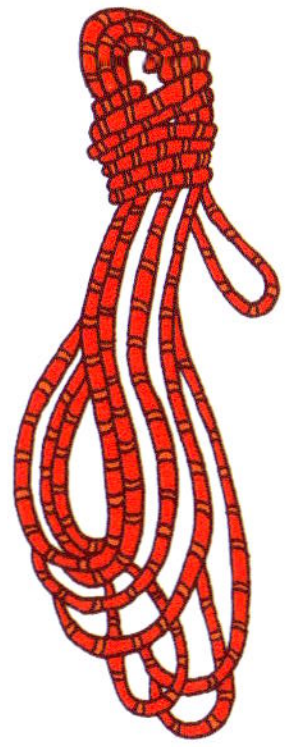

조지아의 깊은 곳

세상에서 가장 깊은 동굴은 조지아의 산악 지대인 압하지야 공화국에 있어요.
이렇게 깊은 동굴을 탐험하는 것은 산을 오르는 것과 유사해요. 단지 아래로 내려갈 뿐이지요! 사람들은 등산로를 따라 캠프를 설치하고, 단계적으로 암벽을 타요. 전문가도 조지아의 거대한 동굴들을 내려갔다가 성공적으로 올라오는 데까지 여러 주가 걸려요. 깊은 동굴을 탐험하는 것은 위험하고 어려운 일이지요. 암벽 타기와 기어가기, 잠수를 잘해야 해요. 어둠을 무서워해서도 안 돼요!

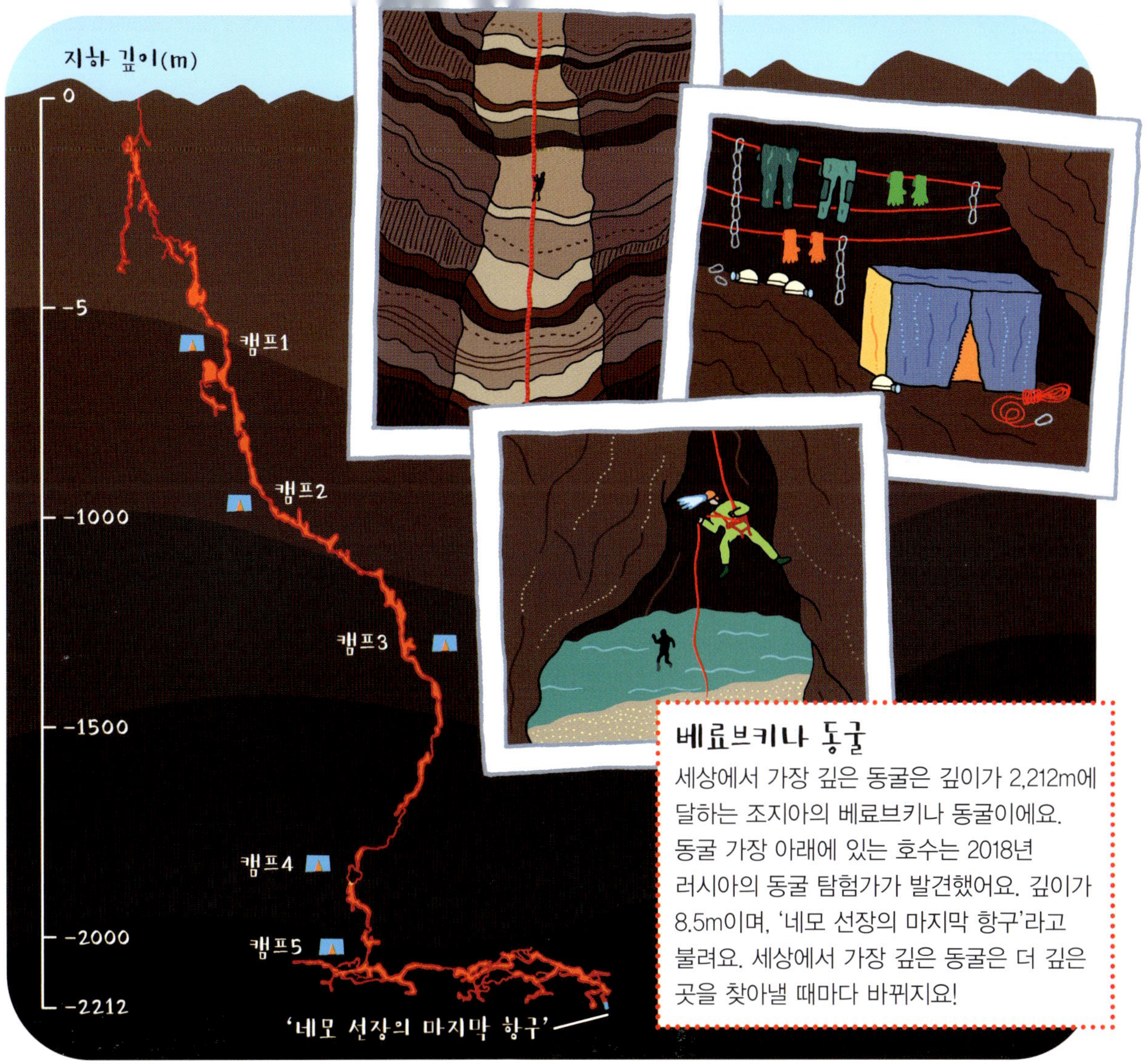

베료브키나 동굴

세상에서 가장 깊은 동굴은 깊이가 2,212m에 달하는 조지아의 베료브키나 동굴이에요. 동굴 가장 아래에 있는 호수는 2018년 러시아의 동굴 탐험가가 발견했어요. 깊이가 8.5m이며, '네모 선장의 마지막 항구'라고 불려요. 세상에서 가장 깊은 동굴은 더 깊은 곳을 찾아낼 때마다 바뀌지요!

수정 동굴

멕시코 북부에 위치한 도시 치와와에는 은과 납을 채굴하는 나이카 동굴이 있어요. 2000년, 두 명의 광부가 새로운 광구를 뚫던 중 엄청난 양의 수정으로 꽉 찬 동굴을 발견했어요.
이 동굴은 매우 기온이 높고 습해서, 이곳에 몇 분 이상 머무는 것은 생명을 위협할 정도였지요. 동굴을 조사하는 연구자들은 특별히 제작한, 냉각 기능이 장착된 작업복을 착용했어요! 동굴 안 열기는 산 깊은 곳의 마그마에서 올라오는 것이었어요. 수정 동굴은 지하 300m에 있고 일반인의 방문은 금지예요.

와이토모 동굴

뉴질랜드 와이토모 동굴은 1887년에 마오리족 족장과 영국 탐험가가 처음 조사했어요. 두 사람은 작은 보트를 타고 촛불을 든 채 동굴로 들어갔다가 엄청난 광경에 입을 다물 수가 없었지요. 캄캄할 거라 생각했던 동굴 안은 천장 전체에서 빛이 나고 있었어요! 스스로 빛을 내는 작은 애벌레 수백, 수천만 마리가 천장에 매달려 있었거든요. 어둡고 습한 곳을 좋아하는 이 애벌레는 시간이 지나면 고치를 만들고 이후 모기와 비슷한 작은 곤충이 되는데, 이 모든 과정에서 스스로 빛을 내지요!

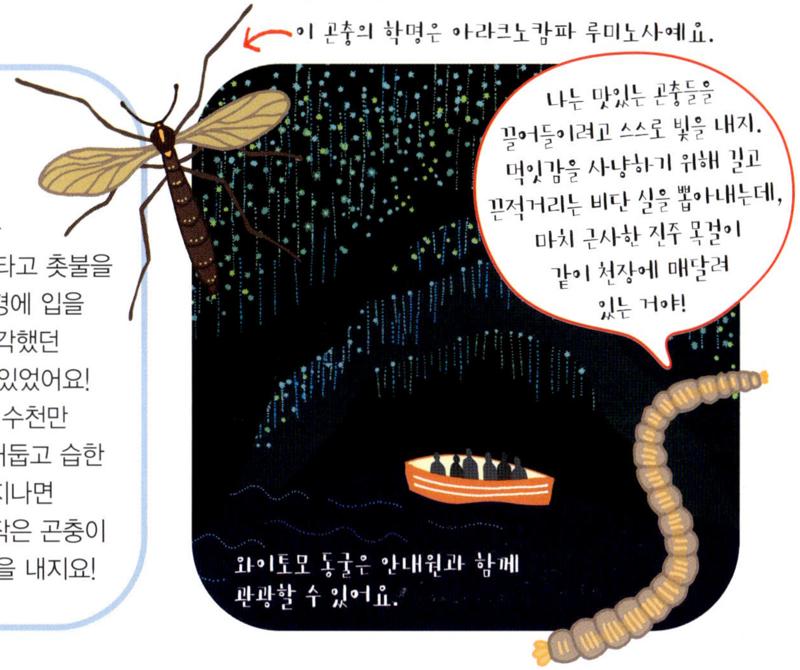

아틀란티스

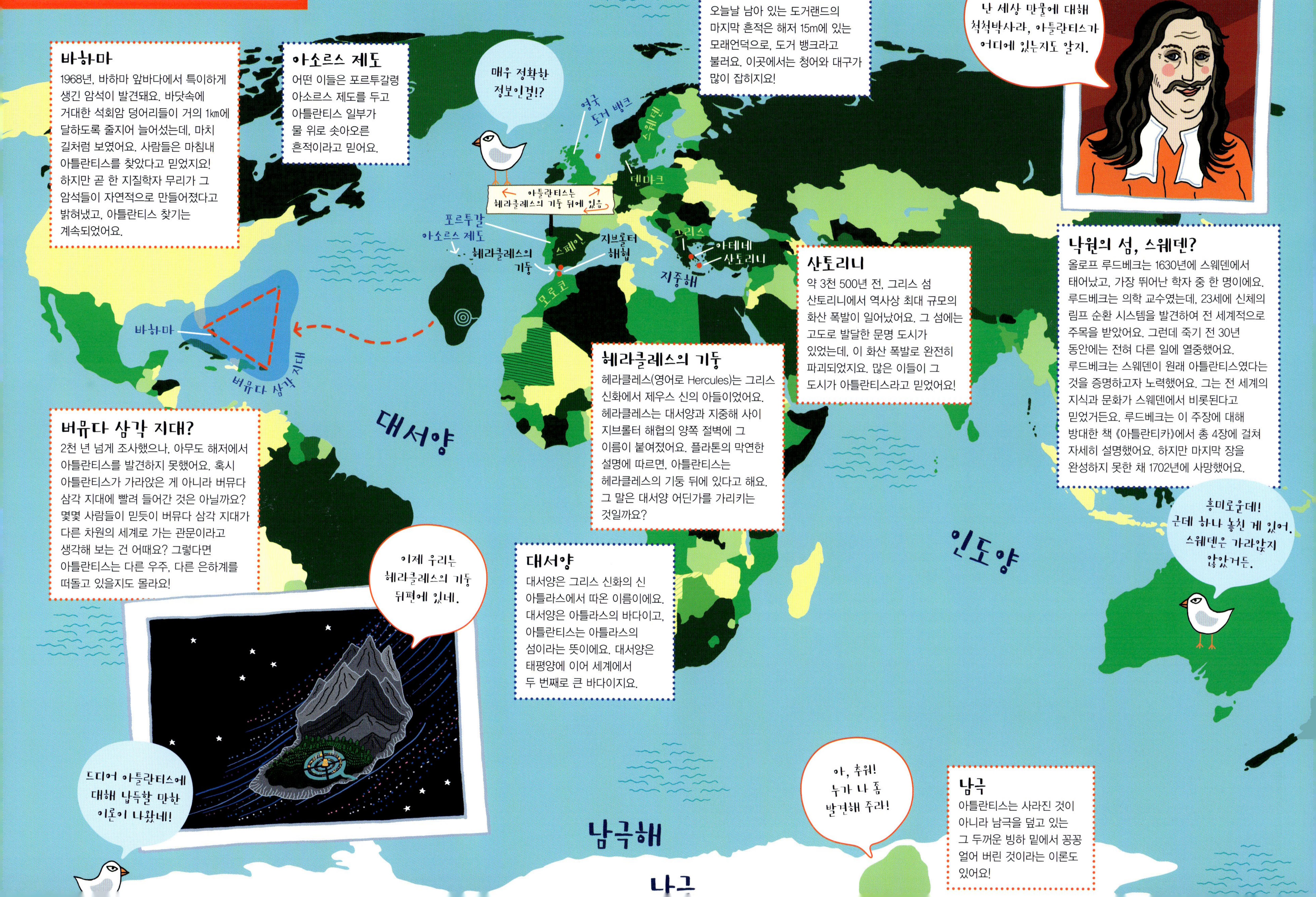

바하마
1968년, 바하마 앞바다에서 특이하게 생긴 암석이 발견돼요. 바닷속에 거대한 석회암 덩어리들이 거의 1㎞에 달하도록 줄지어 늘어섰는데, 마치 길처럼 보였어요. 사람들은 마침내 아틀란티스를 찾았다고 믿었지요! 하지만 곧 한 지질학자 무리가 그 암석들이 자연적으로 만들어졌다고 밝혀냈고, 아틀란티스 찾기는 계속되었어요.

아소르스 제도
어떤 이들은 포르투갈령 아소르스 제도를 두고 아틀란티스 일부가 물 위로 솟아오른 흔적이라고 믿어요.

도거 뱅크
오늘날 남아 있는 도거랜드의 마지막 흔적은 해저 15m에 있는 모래언덕으로, 도거 뱅크라고 불러요. 이곳에서는 청어와 대구가 많이 잡히지요!

낙원의 섬, 스웨덴?
올로프 루드베크는 1630년에 스웨덴에서 태어났고, 가장 뛰어난 학자 중 한 명이에요. 루드베크는 의학 교수였는데, 23세에 신체의 림프 순환 시스템을 발견하여 전 세계적으로 주목을 받았어요. 그런데 죽기 전 30년 동안에는 전혀 다른 일에 열중했어요. 루드베크는 스웨덴이 원래 아틀란티스였다는 것을 증명하고자 노력했어요. 그는 전 세계의 지식과 문화가 스웨덴에서 비롯된다고 믿었거든요. 루드베크는 이 주장에 대해 방대한 책 《아틀란티카》에서 총 4장에 걸쳐 자세히 설명했어요. 하지만 마지막 장을 완성하지 못한 채 1702년에 사망했어요.

산토리니
약 3천 500년 전, 그리스 섬 산토리니에서 역사상 최대 규모의 화산 폭발이 일어났어요. 그 섬에는 고도로 발달한 문명 도시가 있었는데, 이 화산 폭발로 완전히 파괴되었지요. 많은 이들이 그 도시가 아틀란티스라고 믿었어요!

헤라클레스의 기둥
헤라클레스(영어로 Hercules)는 그리스 신화에서 제우스 신의 아들이었어요. 헤라클레스는 대서양과 지중해 사이 지브롤터 해협의 양쪽 절벽에 그 이름이 붙여졌어요. 플라톤의 막연한 설명에 따르면, 아틀란티스는 헤라클레스의 기둥 뒤에 있다고 해요. 그 말은 대서양 어딘가를 가리키는 것일까요?

버뮤다 삼각 지대?
2천 년 넘게 조사했으나, 아무도 해저에서 아틀란티스를 발견하지 못했어요. 혹시 아틀란티스가 가라앉은 게 아니라 버뮤다 삼각 지대에 빨려 들어간 것은 아닐까요? 몇몇 사람들이 믿듯이 버뮤다 삼각 지대가 다른 차원의 세계로 가는 관문이라고 생각해 보는 건 어때요? 그렇다면 아틀란티스는 다른 우주, 다른 은하계를 떠돌고 있을지도 몰라요!

대서양
대서양은 그리스 신화의 신 아틀라스에서 따온 이름이에요. 대서양은 아틀라스의 바다이고, 아틀란티스는 아틀라스의 섬이라는 뜻이에요. 대서양은 태평양에 이어 세계에서 두 번째로 큰 바다이지요.

남극
아틀란티스는 사라진 것이 아니라 남극을 덮고 있는 그 두꺼운 빙하 밑에서 꽁꽁 얼어 버린 것이라는 이론도 있어요!

사라진 대륙!

가라앉은 대륙 아틀란티스에 대한 전설은 아마도 세상에서 가장 오래된 미스터리일 거예요. 화려하고 부유했던 거대한 낙원의 섬이 어느 날 갑자기 바닷속으로 가라앉아 사라진 것이죠. 이것은 그냥 전설에 지나지 않을까요? 아니면 아틀란티스는 정말로 존재했던 걸까요? 다른 여러 미스터리와 같이 이 또한 확인할 길이 없어요. 그래도 한 가지 확실한 것은, 아틀란티스가 많은 이들의 꿈과 환상 속에 존재한다는 사실이에요. 그리고 지도에 표시한 지역 어딘가에 있을지도 몰라요!

아틀란티스

섬 전체가 정말로 흔적도 없이 사라져 버릴 수 있을까요? 그리고 만약 그 섬이 물속에 가라앉았다면, 어디로 사라져 버렸을까요? 수천 년 동안 많은 사람들이 이 미스터리를 풀기 위해 노력했지만 누구도 성공하지 못했고, 아틀란티스는 여전히 사라진 상태지요!
여러 전설과 달리 우리는 언제, 어디에서부터 아틀란티스에 대한 전설이 시작되었는지 정확히 알고 있어요. 2천 400년 전, 플라톤이라는 현명한 노인이 큰 바다 한가운데 섬에 사는 한 부족에 대해 말했어요. 이 부족은 해상 전투에 있어서 세상에 겨룰 만한 적이 없었죠. 그곳 사람들은 화려하고 풍족한 삶을 살았어요. 그러던 어느 날, 그들의 무례한 태도에 화가 난 신들이 섬 전체를 바다에 가라앉혀 버렸어요. 밤과 낮 사이에 모든 사람과 물건, 그리고 섬 전체가 흔적도 없이 영원히 사라졌다고요!

언제, 어디에!?

플라톤에 따르면, 아틀란티스는 약 1만 1천 년 전에 사라졌는데, 그 섬은 '헤라클레스의 기둥 뒤'에 있었을 거라고 해요. 오늘날 우리가 지브롤터 해협이라 부르는 곳이지요. 하지만 플라톤이 말한 곳이 정확히 어디인지 모르고, 시간이 흐르면서 전 세계 여러 곳이 아틀란티스가 있을 만한 곳으로 소개되었어요! 그중 가장 믿음이 가는 후보지를 위의 지도에서 찾아보세요!

철학자 플라톤

플라톤은 기원전 400년경, 고대 그리스에서 활동한 철학가예요. 그는 그리스 아테네에 아카데미라는 학교를 세웠고, 이곳에서 사람들은 인생의 중요한 문제에 관해 공부하고 토론했어요! 플라톤의 제자 중 한 명인 아리스토텔레스는 유명한 철학자가 되었어요. 플라톤은 또 다른 유명한 철학자 소크라테스의 제자예요. 플라톤은 저서 《티마이오스》와 《크리티아스》에서 아틀란티스에 대해 자세히 설명했어요. 그의 저서는 역사적으로 아틀란티스를 언급한 유일한 자료로, 모든 정보가 여기에서 나왔어요.

플라톤이 묘사한 아틀란티스

아틀란티스 북부는 높은 화산으로 이루어져 있는데, 이는 차가운 바람으로부터 섬을 보호했어요. 아틀란티스는 매우 비옥해서 사방에 이국적인 동식물들이 자랐어요. 수도는 다리와 운하로 연결된, 여러 개의 거대한 고리 형태로 지어졌어요. 바다에서부터 도시까지, 배를 타고 한 번에 들어올 수 있었지요! 가장 한가운데에 있는 고리에는 바다의 신 포세이돈의 신전이 있었고, 가장 바깥쪽에는 전차 경주장이 있었다고 플라톤이 말했어요!

도거랜드

덴마크와 영국 사이에는 실제로 바닷속에 잠긴 땅이 있어요! 이곳은 도거랜드로, 지금은 북해 바다 밑바닥에 자리하고 있어요.
사실 도거랜드가 가라앉은 게 아니라, 해수면이 100년 동안 120m나 올라간 거예요!
약 8천 년 전, 마지막 빙하기가 지나가고 지구의 기온이 오르던 시기에 생긴 것이지요. 해수면이 점점 올라갈수록 도거랜드는 같은 속도로 파도 아래에 잠기었어요. 혹시 도거랜드가 바로 감쪽같이 사라진 아틀란티스일까요?

외계인과 관련이 있는 장소

스타워즈
2017년, 스타워즈 연합군의 마크가 캘리포니아 외곽 리버모어의 밀밭에 불쑥 나타났어요. 이 모양은 폭이 60m나 되는데, 11세 소년 윌 멀린이 영화 〈스타워즈: 마지막 제다이〉의 개봉을 앞두고 아빠와 함께 만들어냈어요. 윌은 스타워즈의 우주선이 날아온다면, 이 표시를 보고 이곳에 착륙하기를 바랐어요!

지구 평면설
지구가 둥글다는 것은 이미 수천 년 전부터 알려진 사실이에요. 그런데도 오늘날 지구가 평평하다고 믿는 사람이 점점 늘어나고 있어요. 이들은 자신을 '플랫 어서(Flat Earther)'라 부르며, 둥근 지구를 담은 사진은 조작되었다고 주장해요. 2020년 2월, 미국인 마이크 휴즈는 우주로 나가 지구가 납작하다는 것을 증명하려고 했으나, 자신이 직접 만든 로켓이 추락하며 사망했어요.

UFO 영상
2019년, 미국 전투기 조종사가 훈련 비행 도중 촬영한 세 건의 신비한 영상물이 알려졌어요. 이 영상에는 매우 빠르게 날아가는 물체가 보이는데, 조종사 한 명이 "이게 대체 뭐지? 빙글빙글 회전하고 있어!"라고 소리 지르는 것이 들려요. 2020년 4월, 미국 국방부 펜타곤은 그 영상들이 진짜이며, 조종사들이 목격한 것이 무엇인지는 알 수 없다고 발표했어요.

재닛
라스베이거스 공항에는 세상에서 가장 비밀스러운 항공사 재닛의 비행기 전용 터미널이 있어요. 이 항공사 비행기에는 어떤 이름도 표시되지 않으며, 비밀 군사 시설인 51구역으로 출퇴근하는 사람들을 실어 날라요.

로즈웰 사건
1947년 여름, 미국의 뉴멕시코 외곽에 사는 목장 주인 윌리엄 브라젤은 자신의 땅에 추락한 우주선 같아 보이는 수상한 물체를 발견했어요. 미군이 즉시 출동하여 잔해를 거두어 갔고, 이것은 미확인 비행 물체가 아니라 기상 관측용 풍선이라고 발표했어요. 하지만 이미 여러 의혹이 퍼지기 시작했고, 사람들은 외계인과 우주선을 어딘가에 숨겨둔 게 아닌지 의심했어요. 1994년에 그 수상한 비행 물체는 우주선이나 풍선이 아닌 것으로 밝혀졌어요. 들판에 착륙했던 것은 비밀 정찰기로, 미군은 이 사실이 알려지는 것을 원치 않았던 거예요. 하지만 이 발표도 미확인 비행 물체에 대한 의문을 잠재울 수는 없었어요. 오늘날 로즈웰에는 미확인 비행 물체 박물관과 연구소가 운영 중이며, 매년 이와 관련한 축제도 열려요!

속이 빈 지구
오랜 시간 동안 많은 사람들이 지구 중심에 무엇이 있는지 궁금하게 여겼어요. 상상해 보세요! 지구의 가운데가 텅 비어 있고, 그 안에도 사람이 살 수 있다면 어떨까요? 1800년대에 나온 한 이론에 따르면, 지구의 내부에 또 다른 지구가 들어 있다고 해요! 북극과 남극에 통로가 있고 빙하가 통로의 뚜껑이며, 그 아래에는 바다가 있어서 지구 안쪽의 지구와 연결이 되는 거죠. 그 후 학자들은 지구의 중심부가 뜨거운 금속으로 이루어져 있으며, 그 안에 신비한 세상이 존재할 가능성은 매우 낮다는 것을 밝혀냈어요. 그렇지만 흥미로운 생각이에요!

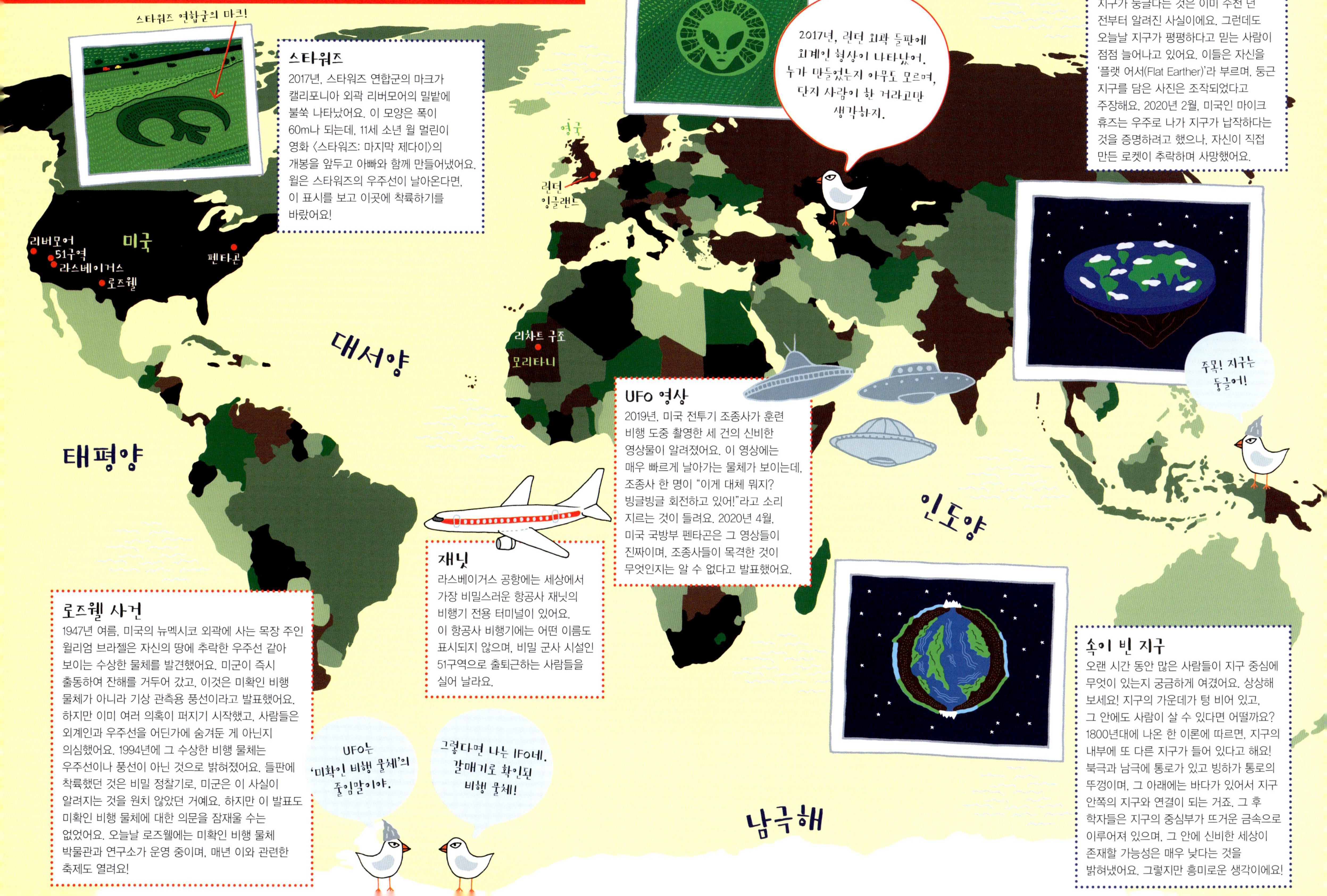

지구에서 가장 이상한 장소

가끔 이해하기 어려운 일들이 벌어져요. 어떤 것은 아주 평범한 사람들이 벌인 일이고, 또 어떤 것은 지구가 스스로 만들어 낸 현상이기도 해요! 그리고 상당히 많은 신비한 현상을 두고 외계인이 한 짓이라고 생각하기도 하죠. 만약 외계인이 실제로 존재한다면, 그들이 숨어 있을 것으로 의심되는 장소는 바로 비밀스러운 51구역일 거예요.

미스터리 서클

1970년대 말, 영국 남부의 밀밭에 신비한 일이 벌어지기 시작해요. 갑자기 거대한 원형 표시가 들판에 나타났는데, 누가 어떻게 이 표식을 만들었는지 아무도 알 수 없었죠. 벼락이나 바람 등 자연 현상에 의해 저절로 생겼을까요? 많은 전문가가 이것을 사람이 만들기란 불가능하다고 보며, 확실히 초자연적인 힘 혹은 외계인에 의한 거라고 주장해요!

엄청난 사기극

수수께끼로 남았던 밀밭의 원형 표시에 대한 미스터리는 1991년, 더그 바우어와 데이브 촐리가 자신들이 만든 것이라고 인정하며 풀렸어요. 약 10년 동안 밧줄과 나무판을 이용해 수백 개의 들판에 있는 밀을 눌러서 그 신비한 원들을 만들어 낸 거예요! 그들은 밤에만 일했는데, 단지 재미로 했다고 하네요! 시간이 지나고 들판에 원형 표시를 남기는 것이 여러 나라에 유행처럼 퍼졌고, 오늘날에는 무늬도 매우 복잡해졌어요!

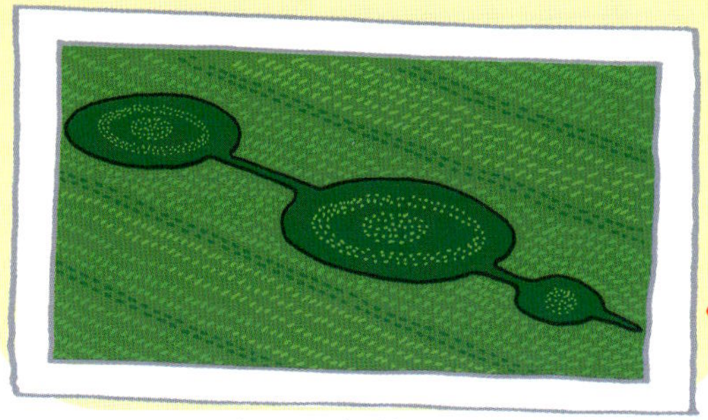

1970년대에 발견한, 의심스러운 미스터리 서클이에요.

51구역

51구역은 미국 라스베이거스에서 북쪽으로 200㎞ 떨어진 지역에 있는 일급비밀 군사 시설이에요. 이 지역에서는 이미 1950년대부터 신비한 일들이 일어났어요. 이상한 형태의 비행 물체가 하늘에서 발견되었는데, 이를 보고 사람들은 미군이 미확인 비행 물체를 이 지역에 가둬 두고 시험 비행을 하는 거라고 의심했죠. 심지어 51구역 내부에 외계인을 숨겨 놓았다는 소문까지 떠돌았습니다!
대체 왜 이런 이상한 일들이 생기는 걸까요? 왜 아무도 이 일에 대해 더 자세히 조사하지 않는 걸까요? 그건 불가능해요! 이곳에서 일어나는 거의 모든 일들이 중요한 비밀에 속하고, 여기는 아무나 들어올 수 없거든요. 51구역에서는 무장 병력이 24시간 모든 출입을 감시해요.

외계인의 고속도로

그런데도 51구역에 대해 알아보고 싶다면 레이철이라는 작은 도시로 가 보세요. 51구역에서 가장 가까운 마을인 이곳에는 채 100명도 안 되는 사람들이 살아요. 레이철은 '외계인 고속도로'라 불리는 375번 고속도로 가까이에 있는데, 이곳에서부터 군사 기지까지는 비포장도로로 연결되어 있고 그 이상은 들어갈 수 없어요. 외계인이라면 입장이 가능할지도 몰라요!

리차트 구조

1960년대에 우주로 나간 초기의 우주 비행사들은 놀라운 발견을 해요. 지구를 바라보는데, 지표면에서 무엇인가가 자신들을 노려보는 거예요. 높은 하늘에서 바라보면 거대한 눈 같아 보이는데, 이것은 사실 지름이 40㎞나 되는 원형 구조물이었어요. 리차트 구조라 불리는 이것은 사하라 서부에 있어요. 처음에 사람들은 이 이상한 구조물이 운석이 충돌하며 만들어졌을 것으로 생각했지만, 오늘날 학자들은 자연적으로 발생했다고 말해요. 리차트 구조는 아프리카 모리타니에 있고, '아프리카의 눈'이라고도 불러요.

풀리지 않은 미스터리

디아틀로프 고개 사건

1959년, 러시아에서 세계적으로 가장 기이하고 섬뜩한 사고가 발생했어요. 숙련된 등반가 아홉 명이 스키를 타고 우랄산맥을 탐사하던 중 사망한 거예요. 2월 1일에 밤을 보내기 위해 텐트를 쳤다는 것은 확실해요. 그러고 나서 무언가 잘못된 게 분명해요. 구조대는 산산이 부서진 텐트를 발견했는데, 누군가 안쪽에서 칼로 찢은 듯한 모습이었어요. 눈이 내리는 영하의 추운 날씨에도 이들이 맨발로 텐트에서부터 도망친 흔적이 주위에 남아 있었지요. 그들 중 여섯은 추위에 얼어 죽었고, 셋은 머리와 갈비뼈에 심각한 상처를 입어 사망했어요. 그들의 옷에서 방사선이 검출되기도 하였고요. 대체 무슨 일이 일어났고, 그들은 왜 추운 한밤중에 텐트를 떠난 걸까요? 경찰은 다른 이가 있었던 흔적이나 범죄의 단서를 찾지 못했어요. 공식적으로 '알 수 없는 힘'에 의해 사망했다고 발표했고, 이후 이 조사는 기밀 서류로 분류되었지요. 하지만 눈사태, 비밀 군사 훈련, 야생 동물의 공격 등 사건의 원인에 대해 수많은 추측이 나왔어요. 사건이 일어났던 등산로는 당시 23세 탐험 대장 이고르 디아틀로프의 이름을 따 '디아틀로프'라고 불려요.

뱅크시의 작품 <풍선을 든 소녀>는 2002년 런던의 한 벽에 등장했어요.

메리 셀러스트호

1872년 11월 7일, 범선 메리 셀러스트호가 뉴욕 항구를 출발했어요. 이탈리아까지 항해 예정인 이 배에는 선장 브릭스, 그의 아내와 딸 그리고 일곱 명의 선원이 있었어요. 11월 25일, 배는 아소르스 제도에 도착했고, 그것이 선박 일지에 남은 마지막 기록이었어요. 이 배는 10일 후 포르투갈 해안에서 선원 없이 표류 중인 채 발견되었지요. 배에 탄 이들 모두가 흔적도 없이 사라졌어요! 화물도 전혀 깨지거나 상하지 않았고, 음식과 물도 수 주간 사용할 만큼 충분히 남아있었어요. 대체 그들은 왜 배를 버렸고, 어디로 간 것일까요? 150년이 지난 지금도 풀리지 않는 미스터리예요!

뱅크시

뱅크시는 거리 예술가이며, 1990년대 초반 영국 주택가에 그린 벽화들로 유명해요. 오늘날 그의 작품은 전 세계 곳곳에 있지요. 그런데 뱅크시는 누구일까요? 그것은 비밀이에요! 뱅크시는 전 세계적으로 유명하면서도 동시에 전혀 알려지지 않은 인물이에요. 남의 집 벽에 그림을 그리는 게 불법이니, 아무도 모르게 활동하는 것이 아마 제일 현명한 일이겠지요.

납치범 쿠퍼

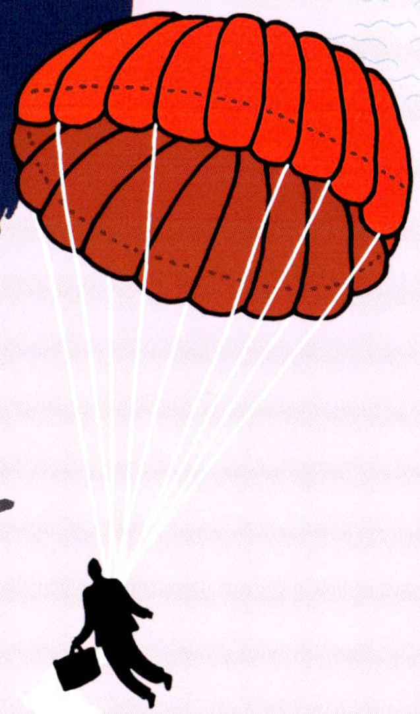

1971년 11월 24일, 흰 셔츠에 어두운색 정장을 차려입은 한 남자가 미국 포틀랜드에서 시애틀로 가는 비행기에 올라요. 탑승권에 적힌 이름은 댄 쿠퍼였어요. 그는 음료 한 잔을 주문한 뒤 승무원에게 쪽지를 건넸는데, 자신의 가방에 폭탄이 있다고 적혀 있었어요. 쿠퍼는 20만 달러와 낙하산 네 개를 요구했지요. 그러고는 정중하게 두 번째 음료를 주문하고 계산까지 마쳤어요. 시애틀에서 그 남자는 요구한 돈과 낙하산을 받고, 승무원 네 명을 뺀 모든 승객을 풀어줘요. 그는 승무원들을 조종실에 가두고, 비행기가 남쪽으로 향하도록 명령했어요. 약 20분 뒤에 비행기 뒤쪽 출입문이 열렸고, 그는 어둡고 비 내리는 저녁 하늘 위로 뛰어내렸어요. 대규모 경찰 수사에도 불구하고 그가 누구였고 착륙에 성공했는지, 또 어디로 갔는지 아무것도 알아내지 못했어요. 1980년에 한 소년이 그가 착륙했을 거라고 생각하는 장소 근처에서 지폐 뭉치 세 덩어리를 발견했어요. 이것이 그 이상한 비행기 납치범이 남긴 유일한 흔적이지요. 2016년, 경찰은 수사를 끝냈어요.

위대한 양말 미스터리

세탁기를 돌려 보았다면 감쪽같이 사라지는 양말 한 짝에 대한 미스터리에 누구나 공감할 거예요. 처음에는 양말이 무척 많았는데, 어느 순간 갑자기 여러 개가 짝이 안 맞고, 그러다 아무것도 짝이 맞지 않게 되지요! 무슨 일일까요? 세탁기가 양말을 먹어 버릴까요? 블랙홀이 양말을 우주로 보내 버리는 걸까요? 여러분이 가장 아끼는 양말 한 짝이 지구 주위를 돌고 있을지도 몰라요! 더욱 신기한 건 양말은 절대로 한 쌍이 동시에 사라지지 않아요. 항상 한 짝만 없어지지요.

세상의 풀리지 않은 수수께끼

그리고 풀린 것 하나!

그날 밤 세 명의 죄수가 뗏목을 타고 알카트라즈 감옥에서 탈출했을 때, 도대체 무슨 일이 있었던 걸까요? 그들은 무사히 육지에 도착했을까요? 아니면 태평양으로 흘러가 영원히 사라져 버린 걸까요? 왜 승무원들은 메리 셀러스트호를 버렸을까요? 그 많은 양말 한 짝들은 어디로 사라지는 것일까요? 풀리지 않은 수수께끼가 지구 어디에서 발생했는지 지도에서 확인하세요.

클라란스 앵글린 / 존 앵글린 / 프랭크 모리스

로제타석

이 미스터리는 해결됨

상형 문자는 5천 년 전 이집트에서 생겨난 문자예요. 1800년대 초반까지도 사람들은 이 언어 체계를 완전히 이해하지 못했고, 그 유명한 피라미드 벽에 새겨진 모양들이 무엇을 의미할지 추측만 했어요. 그런데 검은 돌 하나로 이 상황이 완전히 바뀌었습니다. 바로 로제타석이에요!

훌륭한 발견

1799년, 한 프랑스 군인이 이집트 로제타에서 이 돌을 발견했어요. 돌에는 세 종류의 글이 적혀 있었는데, 전문가들은 같은 내용이 세 가지 다른 언어로 쓰여 있다고 밝혔어요.
제일 첫 번째는 그 당시 해독하지 못했던 상형 문자였고, 그다음도 낯선 언어였으나, 마지막 언어는 확실히 이해 가능한 그리스어였어요.
로제타석에 새겨진 그리스어의 도움으로 이제 상형 문자의 의미를 해독할 수 있게 되었죠!
하지만 생각만큼 그렇게 쉽지는 않았아요.
23년이 흐르고서야 프랑스의 언어 천재 장 프랑수아 샹폴리옹이 처음으로 상형 문자의 수수께끼를 풀었고, 마침내 오늘날 고대 이집트에서 전해 내려오는 모든 글을 이해할 수 있게 되었어요.
로제타석은 고고학 분야에서 전 세계적으로 가장 중요한 발굴 중 하나로 손꼽혀요.

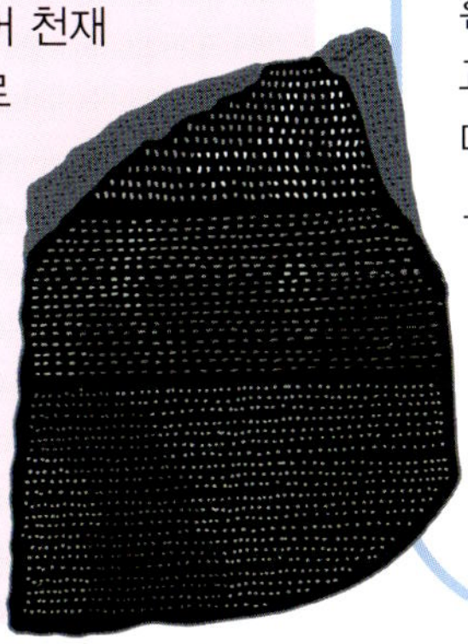

로제타석은 오늘날 런던 대영박물관에 있어요.

알카트라즈

샌프란시스코만 한가운데에 고립된 섬에는 알카트라즈 감옥이 있어요. 한때 전 세계에서 가장 탈출하기 어려운 감옥으로 손꼽혔고, 미국에서 가장 위험한 죄수들이 이곳으로 보내졌어요. 여기서 프랭크 모리스가 존 앵글린과 그의 형제 클라란스 앵글린을 만났어요. 셋은 모두 은행 강도로 잡혀서 감옥에 왔는데, 만난 즉시 알카트라즈 감옥에서의 탈출 계획을 세우기 시작했어요.

알카트라즈에서 탈출하기

탈옥을 준비하는 데에는 반년이 걸렸어요. 이들은 숟가락으로 벽에 구멍을 파서 감방 안팎으로 드나들 수 있었지요. 밤에는 바느질로 구명조끼를, 몰래 훔친 우비로 고무보트를 만들었어요. 1962년 6월 11일 저녁, 그들은 각자 침대를 정리하여 마치 사람이 자는 것처럼 보이게 만들었어요. 베개에는 종이 반죽으로 만든 가짜 머리를 놓았지요. 그러고는 천장 환기구를 통해 감옥에서 탈출했어요. 마침내 교도관들이 알아차렸을 때, 그들은 이미 섬을 떠난 지 오래였어요! 경찰은 바다에서 구명조끼와 노를 찾았고, 그들이 물에 빠져 사망했을 거라고 생각했죠. 그러나 시체는 끝까지 찾을 수 없었어요. 2013년, 손 편지 한 통이 경찰서에 도착했어요. 보낸 이는 존 앵글린이고, 세 사람 모두 알카트라즈에서 탈옥하는 데에 성공했다고 적혀 있었어요. 그 편지는 진짜일까요?

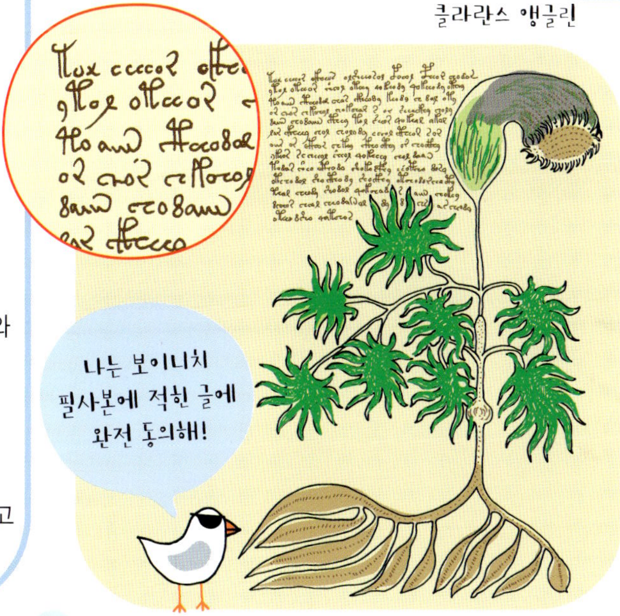

보이니치 필사본

1912년 폴란드 서적상 윌프레드 보이니치는 약 200쪽 가량 되는, 손 글씨와 그림이 담긴 신비한 책을 발견해요. 전혀 이해할 수 없는 언어로 쓰였고, 이상하게 생긴 우주 지도와 한 번도 본 적이 없는 식물들이 그려져 있었어요. 이 이상한 책은 무엇이고, 누가 만든 걸까요? 수많은 전문가가 보이니치 필사본을 조사했으나, 이 책이 약 1400년대에 만들어졌다는 사실만 알려졌어요. 여전히 문자를 해독하는 데에는 성공하지 못했지요. 이 필사본은 오늘날 미국 예일대학교에 보관되어 있어요.

아시아
인도양
오세아니아
북
서
동
남
남극